A GUERRA
NA ERA DA
INFORMAÇÃO

Proibida a reprodução total ou parcial em qualquer mídia
sem a autorização escrita da editora.
Os infratores estão sujeitos às penas da lei.

A Editora não é responsável pelo conteúdo deste livro.
O Autor conhece os fatos narrados, pelos quais é responsável,
assim como se responsabiliza pelos juízos emitidos.

Consulte nosso catálogo completo e últimos lançamentos em **www.editoracontexto.com.br**.

ALESSANDRO VISACRO

A GUERRA
NA ERA DA
INFORMAÇÃO

editora contexto

Copyright © 2018 do Autor

Todos os direitos desta edição reservados à
Editora Contexto (Editora Pinsky Ltda.)

Montagem de capa e diagramação
Gustavo S. Vilas Boas

Preparação de textos
Lilian Aquino

Revisão
Bia Mendes

Dados Internacionais de Catalogação na Publicação (CIP)
Andreia de Almeida CRB-8/7889

Visacro, Alessandro
A guerra na Era da Informação / Alessandro Visacro. –
1. ed., 2ª reimpressão. – São Paulo : Contexto, 2022.
224 p.

Bibliografia
ISBN 978-85-520-0043-3

1. História militar 2. Militarismo 3. Estratégia militar
4. Militarismo – Inovações tecnológicas I. Título

18-0131	CDD 355.4

Índice para catálogo sistemático:
1. Militarismo – Inovações tecnológicas

2022

EDITORA CONTEXTO
Diretor editorial: *Jaime Pinsky*

Rua Dr. José Elias, 520 – Alto da Lapa
05083-030 – São Paulo – SP
PABX: (11) 3832 5838
contexto@editoracontexto.com.br
www.editoracontexto.com.br

À minha mãe, Marta

Sumário

ALGO DE NOVO NO *FRONT* 11

TRANSFORMAÇÕES NA CONDUTA DA GUERRA 25

Guerra e paz:
o malogro do uso da força nos últimos 100 anos 27

As ideias de Clausewitz:
a guerra como fenômeno político 35

Além das ideias de Clausewitz:
a guerra como fenômeno social 41

Os conflitos da "Idade do Aço" 46

O fim dos conflitos da Era Industrial 49

O advento das guerras pós-industriais 55

Nada mudou 64

Tudo mudou! 70

ALTERANDO A PERCEPÇÃO
SOBRE O USO DA FORÇA MILITAR 81

Do Estado ao indivíduo:
segurança nacional *versus* segurança humana 82

Como temos combatido 100

DE STALINGRADO A FALLUJAH 113

Fragmentação das ameaças 117

As três dimensões da guerra
na Era da Informação 121

Lições da Batalha de Azincourt aplicadas
à guerra do século XXI 127

O novo perfil do combatente:
de cidadãos soldados a cabos estratégicos 139

Legitimidade no uso da força:
a dimensão estratégica das ações táticas 142

Onde está a frente de batalha? 145

Adestramento cultural: aspectos fisiográficos
e etnográficos do campo de batalha 148

Guerra na paz:
uma era de conflitos persistentes 155

Características do ambiente
de conflito na Era da Informação 158

Capacidades requeridas das forças armadas 159

Resumo 160

DESCONSTRUINDO UM FUTURO DISTÓPICO 165

Anomia e barbárie 169

Estados falidos, áreas
não governadas e controle territorial 173

OS LIMITES DA TECNOLOGIA 185

A armadilha tecnológica:
microgerenciamento do campo de batalha digital 186

Perigo, incerteza, esforço físico e acaso 191

Auftragstaktik: o estilo prussiano de comando 196

Liderança interagências 198

EXÉRCITOS CONFRONTANDO MOINHOS DE VENTO 205

BIBLIOGRAFIA 211

O AUTOR 217

AGRADECIMENTOS 219

Algo de novo no *front*

> *O primeiro, o mais importante, o ato de apreciação mais decisivo que um homem de Estado ou um comandante-chefe executa, consiste na apreciação correta do tipo de guerra que leva a efeito, a fim de não a tomar por aquilo que ela não é e não querer fazer dela aquilo que a natureza das circunstâncias lhe impede que seja.*
>
> Clausewitz

D oze de novembro de 2014, manhã de sol na cidade do Rio de Janeiro. O dia começou calmo na Vila dos Pinheiros – uma das 16 comunidades que fazem parte do complexo de favelas da Maré.

O comandante do destacamento olhou para o relógio: 8 horas em ponto, conforme o planejado. Por enquanto, tudo parecia seguir sua rotina. As crianças que estudavam no período matutino já se encontravam "seguras" dentro das salas de aula e o fluxo de moradores pelas ruas correspondia ao movimento habitual, indício de que não havia nenhum confronto eminente.

Soldados do 28º Batalhão de Infantaria Leve (BIL) já estavam em suas posições, a menos de 200 metros da Linha Vermelha, uma das principais artérias de circulação da capital fluminense. Com uma companhia de fuzileiros, eles guarneciam os perímetros de segurança que lhes haviam sido determinados durante o *briefing* do dia anterior. Sua missão, naquela manhã, era simples: apoiar a execução de dois mandados de busca e apreensão a cargo da Polícia Federal.

Enquanto os homens do "vinte e oito" se mantinham responsáveis pelo isolamento da área, equipes de operações especiais do Exército e da Marinha foram incumbidas de realizar a segurança aproximada dos policiais, bem como auxiliá-los nas revistas no interior dos imóveis a serem diligenciados. Por fim, um helicóptero HA-1 Esquilo, da aviação do Exército, equipado com termovisor eletro-óptico para a geração de imagens em tempo real, estaria disponível, orbitando a 2.000 pés de altitude.

Desde a primeira semana de abril, quando teve início a ocupação do complexo da Maré, membros das Forças Armadas e policiais federais vinham trabalhando em conjunto, sobretudo, por meio da troca de informações. Também, haviam dado cumprimento a uma série de mandados judiciais. No dia 4 de maio, lograram capturar um dos principais líderes do tráfico local, em uma ação que contou com o envolvimento direto de ambas as instituições.

Apesar da aparente tranquilidade, os procedimentos operacionais eram seguidos com cautela, de acordo com um meticuloso planejamento, uma vez que pequenas escaramuças irrompiam com frequência. A maior preocupação da tropa era o risco de danos colaterais incidirem sobre a população civil. Em uma área de elevada densidade demográfica, qualquer tiroteio tornava-se potencialmente perigoso para os habitantes locais.

Os militares habituaram-se a receber alertas de moradores bem-intencionados e de boa índole. Eram homens e mulheres, quase sempre de idade mais avançada, que procuravam ser discretos, pois temiam sofrer represálias dos criminosos. Evitando fitar diretamente os soldados a fim de passarem despercebidos, murmuravam de cabeça baixa: "Cuidado, meu filho, tem um monte deles espalhados por aí, tudo de olho em vocês"; ou simplesmente "Deus te abençoe, meu filho".

Porém, naquele dia, as advertências não foram necessárias.

A equipe da Polícia Federal chegou em duas viaturas blindadas de transporte de tropa, acompanhada por um pequeno destacamento do comando de operações especiais do Exército. Simultaneamente, um grupo de comandos anfíbios da força de fuzileiros da esquadra aproximou-se da casa que lhe havia sido designada como "objetivo". Tão logo policiais e militares iniciaram a execução do primeiro mandado, os soldados do 28º BIL, encarregados de isolar a área, foram alvejados por tiros esparsos de pistola vindos das adjacências, com o propósito aparente de inquietá-los. Mantiveram-se abrigados em suas posições, sem responder ao fogo, pois o fluxo de transeuntes ainda era considerável.

O alvo da primeira diligência era um jovem desafortunado, cujas postagens em redes sociais não deixavam dúvidas acerca do seu envolvimento com o crime organizado. Embora ele tenha sido surpreendido em sua cama, os policiais não dispunham de mandado de prisão. Mesmo depois de uma minuciosa revista, nada foi encontrado que justificasse sua condução para o prédio da superintendência da Polícia Federal no centro da cidade. Agindo estritamente em conformidade com a lei, a delegada responsável lamentou não ter se deparado com nenhum ilícito, reuniu sua equipe e seguiu para o próximo domicílio, já ocupado pelos fuzileiros navais, a menos de 100 metros naquela mesma rua.

O capitão Trindade, comandante do 3º Destacamento Operacional de Forças Especiais do Exército (DOFEsp), e quatro de

14   A GUERRA NA ERA DA INFORMAÇÃO

seus subordinados acompanharam os policiais nesse curto trajeto. O local estava seguro, guarnecido pelos comandos anfíbios. Pelo visto, também não havia nada de comprometedor ali. Ainda assim, a delegada e seus agentes deveriam dar cumprimento à decisão judicial, executando as buscas constantes do mandado.

Estacionados próximos a casa, havia dois veículos blindados de dotação do corpo de fuzileiros navais. Eram robustos Mowag Piranha III C, 8x8, de fabricação suíça. Alguns soldados encontravam-se embarcados, vigiando o perímetro externo, como de praxe. Um deles chamou o capitão Trindade e lhe apontou um indivíduo que passava ao longe: "Aquele sujeito realizou disparos de pistola contra a tropa. Agora, está nos observando".

O capitão Trindade reuniu prontamente os quatro homens do seu destacamento que estavam à sua volta, enquanto dava ciência aos demais, pelo rádio, que iria à frente esclarecer a situação. A despeito do efetivo reduzido, a equipe iniciou uma progressão dinâmica e bem sincronizada, conforme preconizam as modernas técnicas de combate urbano.

Em pouco tempo atingiram a via que circunda o sopé do morro dos Macacos – uma pequena elevação arborizada, que sobressai em meio ao terreno plano e edificado da Vila dos Pinheiros. Subitamente, parecia haver menos pessoas nas ruas. O suspeito evadirase e novos disparos de pistola puderam ser ouvidos.

O capitão continuou avançando com seus homens, ocupando posições abrigadas. Ao passarem ao lado de um trailer de sanduíches, que se encontrava fechado em virtude do horário, recomendaram a um casal de moradores que voltasse para casa e aguardasse por lá, até a situação se normalizar. "Porra! Qual é a desses caras? Não sei pra que ficar atirando em vocês", resmungou o rapaz.

Um pouco mais à frente, receberam, pelo *smartphone*, uma mensagem de texto enviada pela equipe de inteligência da Polícia Federal, que permanecera no centro de operações monitorando radiofrequências: "Interceptamos essa conversa: tem cinco peri-quitos perdidos aí, pode largar o dedo neles".

De fato, eles haviam se distanciado do grosso da tropa e, naquelas circunstâncias, poderiam ser colocados, sem muita dificuldade, sob fogo cruzado. Porém, retrair não era uma opção naquele momento. Dificilmente um militar das forças especiais do Exército aceitaria romper contato depois de ser deliberadamente atacado por "soldados do tráfico". Após uma rápida avaliação do terreno ao seu redor, o capitão tomou uma série de decisões táticas que se mostraram corretas e oportunas.

Pelo rádio, solicitou que um blindado Urutu avançasse até sua posição, a fim de compor o "binômio infantaria-carro" e, assim, garantir a continuidade de sua progressão. Em seguida, entrou em contato com o comandante de companhia do 28º BIL e, designando o morro dos Macacos como um "objetivo de segurança", pediu-lhe que ocupasse aquelas alturas, com o propósito de cobrir seu flanco direito, que se encontrava completamente exposto. Outro pelotão deveria contornar o sopé da elevação pelo oeste, enquanto uma terceira fração de tropa deveria progredir à esteira de sua própria equipe, avançando pelo leste. Por fim, enviou uma mensagem ao centro de operações, solicitando que a aeronave Esquilo realizasse um sobrevoo, com o intuito de identificar ameaças posicionadas sobre as lajes das edificações à sua frente.

Todas as medidas foram adotadas com presteza. A tropa do 28º BIL, em particular, portou-se com extrema eficiência. Ao retomarem sua progressão, caminhando ao lado do Urutu, os homens do comando de operações especiais puderam observar os infantes investindo em linha até atingirem a crista topográfica do morro dos Macacos. Um sargento foi à frente e ligou-se com um dos membros da equipe do capitão Trindade para receber instruções sumárias:

16 A GUERRA NA ERA DA INFORMAÇÃO

– Mantenha sua progressão à nossa retaguarda, mas cuidado para não entrar no mesmo compartimento do terreno. Se formos engajados pelo fogo, você deve estar a uma distância segura que lhe permita manobrar com liberdade. Entendeu?
– Sim, senhor!
– E não se esqueça: estamos à sua frente. Cuidado pra não atirar em nós! Não estou a fim de ser vítima de "fogo azul".

Com esse arranjo, taticamente bem elaborado, o capitão retomou o movimento, determinado a neutralizar toda e qualquer forma de resistência armada que se antepusesse às tropas do Exército.

Novos disparos ecoaram à frente do Urutu. Pelo forte estampido, certamente eram fuzis. Os fogos se avolumavam à medida que o destacamento avançava a pé, utilizando o blindado, que se movia lentamente como proteção. Os homens ouviam o som dos projéteis cortando o ar um pouco acima de suas cabeças. O chão ao seu redor, os muros das casas e até um automóvel, que se encontrava estacionado, foram atingidos pelos impactos. Ainda assim, eles mantinham seus dedos fora do gatilho, pois não haviam localizado as posições de tiro dos traficantes. Abrir fogo aleatoriamente, isto é, sem fazer a identificação positiva de qualquer ameaça, colocaria a população local em risco, contrariando a meta estipulada de nenhum dano colateral.

Sobreveio uma rajada. Ninguém foi capaz de observar sua origem. Os homens tentavam, em vão, descobrir de onde partiam os tiros. Todavia, a lógica que os guiava era simples: se a resistência aumentava, estavam progredindo na direção certa.

Em um dado momento, o capitão Trindade observou a fumaça branca proveniente do cano de uma arma em um muro de esquina. Não obstante o imaginário criado pelos filmes de ação, em um engajamento tático, sobretudo em terreno urbano, o soldado consegue identificar seu oponente em raras ocasiões. Os alvos são muito fugazes, limitando-se, na maioria das vezes, à extremidade do cano de um fuzil que sobressai pela fresta de uma janela, de uma porta entreaberta ou de um telhado, expondo-se, apenas, por uma breve fração de segundo.

Pela primeira vez naquela manhã, a tropa respondeu ao fogo. O capitão buscou enquadrar o canto do muro com a mira holográfica de seu fuzil de assalto HK 416 e realizou um disparo. Melhor seria se o sargento P. André, com seu fuzil de precisão M 110, pudesse atirar também. Mas, da posição em que se encontrava, progredindo à esquerda do blindado, não dispunha de ângulo para fazer a pontaria.

O cabo Silva Júnior correu para a direita, colocando-se em perigo para progredir junto às paredes das casas. Sua intenção era conseguir uma boa visada: "Achei! Ali no canto!", ele gritou.

O cabo ajoelhou-se e, esmerando-se na pontaria do seu Colt M4, realizou alguns disparos intermitentes, antes de retomar o deslocamento. Avançou um pouco, ajoelhou-se mais uma vez e realizou novos disparos. O capitão também abriu fogo. Com isso, militares e traficantes estavam, efetivamente, engajados em uma troca de tiros a curta distância.

Uma longa e cadenciada rajada de AK 47, vinda em sua direção, fez o capitão Trindade pensar que a metralhadora MAG instalada na torre do blindado estivesse atirando. Por suas características, o uso dessa arma, naquele momento, aumentaria, sobremaneira, a probabilidade de ocorrência de algum eventual dano colateral. Assim sendo, ele imediatamente interveio junto à guarnição do carro: "A MAG atirou? Quem deu ordem? Não é pra essa porra atirar agora!", exclamou. "Não, senhor! Ninguém atirou", responderam. Então, de súbito, o motorista do blindado pisou no freio. "Segue! Segue! Segue, Urutu!", gritou o cabo Silva Júnior, gesticulando com a mão esquerda em riste, enquanto corria corajosamente pelo canto direito da calçada.

O blindado reiniciou o movimento, mas, cerca de 20 metros à frente, foi obrigado a parar, em virtude do estreitamento da rua.

18 A GUERRA NA ERA DA INFORMAÇÃO

Estavam bem próximos agora. Entretanto, os possíveis itinerários de fuga dos criminosos não haviam sido bloqueados. Dificilmente, eles estariam dispostos a continuar lutando para manter suas posições. Em situações como essa, realizavam ações evasivas, quase sempre correndo ou em motocicletas. Valiam-se tanto do profundo conhecimento do terreno quanto da plena liberdade de locomoção no interior da comunidade, pois ignoravam deliberadamente a propriedade alheia. Sempre que julgavam necessário, pulavam muros, ocupavam lajes e adentravam em domicílios à revelia dos moradores.

A equipe de operações especiais continuou seu avanço, forçando, assim, os criminosos a fugirem pelos becos e vielas. O capitão Trindade, pelo rádio, pediu aos soldados do 28º BIL que fossem à frente estabelecer um novo perímetro de segurança, para que ele e seus homens adentrassem na casa de três pavimentos que servira de base de fogos aos traficantes. Cartuchos vazios de fuzil nos calibres 7,62 mm e 5,56 mm, espalhados pelo chão, davam ideia do vigor do tiroteio e do número de disparos realizados contra os militares do exército. O sentimento de frustração por não haver impedido a fuga de seus adversários era plenamente compensado pelo fato de que nenhum soldado ou civil inocente fora ferido.

Pouco depois, chegou ao local o pelotão de infantaria que circundou o morro dos Macacos pelo oeste, como lhe fora determinado. Outro blindado também se aproximou, trazendo consigo os policiais federais e o restante do 3º DOFEsp.

Após certificar-se de que, finalmente, as ameaças haviam cessado, o capitão coordenou a reorganização de toda a tropa e iniciou o retraimento para o posto de bloqueio nº 8 – uma posição barricada próxima à Linha Vermelha. Durante o trajeto, uma senhora negra de idade bastante avançada foi vista na porta de sua casa, acenando efusivamente para os soldados. Ela ergueu os braços para cima e deu graças a Deus por alguém, enfim, se predispor a fazer algo diante daquele lastimável estado de coisas. Em contrapartida, um pequeno grupo de adolescentes, sentado na calçada, mostrava-se indiferente a tudo aquilo. Porquanto, os moradores locais assumiram uma postura ambivalente em relação à presença militar.

*

A narrativa envolvendo o capitão Trindade e sua equipe, na manhã do dia 12 de novembro de 2014, não foi uma experiência única. Episódios como esse se repetiram inúmeras vezes ao longo de mais de 14 meses de atuação das Forças Armadas no interior do complexo de favelas da Maré. Atos hostis contra a tropa, perpetrados por traficantes com o uso de armas de fogo, totalizaram 1.153 incidentes, desde a realização de disparos isolados até a ocorrência de confrontos de maior intensidade.

Durante todo esse período, os oficiais e sargentos das forças especiais mantiveram por hábito despender longas horas na avaliação de suas performances. Diversas conjecturas e ilações surgiram desses debates. As discussões, quase sempre, suscitavam uma série de questionamentos plausíveis.

O primeiro deles dizia respeito à própria natureza da missão. O senso comum interpretava essa forma de emprego circunscrita ao escopo da segurança pública e, portanto, limitada, tão somente, à esfera das instituições policiais, representando uma grave distorção das verdadeiras atribuições que competem às Forças Armadas. Se assim fosse, como explicar o uso recorrente de manobras militares calcadas em preceitos táticos consagrados, como o evento acima descrito? Quais polícias ao redor do mundo dispunham de tais capacidades e estariam, de fato, aptas a atender esse tipo de "ocorrência"?

O tráfico de drogas é um mal que aflige, indiscriminadamente, toda e qualquer nação do globo, a despeito do seu grau de desenvolvimento socioeconômico. Porém, seria razoável admitir que grupos armados organizados exercessem o controle efetivo sobre espaços urbanos densamente povoados, usurpando a própria soberania do Estado?

Decerto, aquele cenário estava em desacordo com a visão ortodoxa da guerra, conforme preconizada nas escolas militares. Possivelmente, se aproximava mais de um quadro de guerra irregular, isto é, um conflito protagonizado por atores armados não estatais, como as guerrilhas ou as insurgências, por exemplo. Entretanto, não havia nenhuma orientação política, como requeriam os manuais de campanha das forças armadas. As ameaças não eram provenientes de organizações terroristas ideologicamente motivadas, apenas quadrilhas armadas impelidas pelo lucro de atividades ilícitas e práticas criminosas.

Dissimulado sob um enorme contingente populacional, o "inimigo" tornara-se invisível. Na verdade, ele próprio era um subproduto daquele ambiente pernicioso, pois fora gerado a partir de um triste conjunto de chagas sociais e dívidas históricas não quitadas.

Um arcabouço rígido de restrições legais, os riscos de se vitimarem civis inocentes e a contínua pressão da opinião pública impunham severas limitações ao uso da força. Nem mesmo toda moderna tecnologia disponível era capaz de oferecer aos militares uma vantagem decisiva sobre seus oponentes.

A todo momento do dia ou da noite, os soldados levavam consigo apenas duas certezas: encontravam-se sob a mira de uma arma e estavam sendo filmados. Qualquer violação de conduta ou outra falta grave seria, instantaneamente, veiculada pela internet, tornando-se passível de condenação pela comunidade internacional. Dessa forma, os riscos políticos que envolviam o emprego de tropas se tornavam potencialmente maiores do que seus riscos físicos.

Durante todo o período de permanência na área de operações, os comandantes militares foram assediados pela mídia, organizações não governamentais e líderes comunitários. Seu trabalho não podia prescindir da colaboração de forças policiais, órgãos públicos e agências civis de desenvolvimento socioeconômico. Afinal, as ditas "ações cinéticas", isto é, o uso deliberado do poder de combate, por si só, não auferiam resultados definitivos e, por vezes, se mostravam contraproducentes.

Ademais, em virtude de um ambiente extremamente complexo e ambíguo, não existia consenso, nos diferentes níveis decisórios, acerca do que poderia ser entendido e aceito como vitória. Tampouco estavam claras as condicionantes de emprego do poderio bélico ou quais eram os objetivos fundamentais da missão.

Mesmo atuando dentro do território nacional, soldados de outras regiões do país se defrontavam com barreiras culturais significativas. Porquanto, o respeito à diversidade traz consigo um conjunto de idiossincrasias, cujas implicações não podem ser ignoradas.

Surpreendentemente, nada disso se deu em uma remota área de selva ou de montanha, oculta em alguma fronteira distante e desassistida, onde tradicionalmente guerrilheiros estabelecem seus "santuários". Tudo aconteceu a poucos quilômetros do centro de poder político e econômico de uma das maiores metrópoles brasileiras. Enquanto tropas a pé apoiadas por blindados se digladiavam contra grupos armados organizados em um tipo, particularmente, difícil de combate urbano, a vida seguia seu curso normal em outros bairros da cidade.

Porém, o aspecto crucial é que todos esses dilemas jamais foram uma prerrogativa exclusiva dos militares que atuaram na imposição da lei e da ordem na cidade do Rio de Janeiro. Soldados que se sacrificam nas áreas conflagradas ao redor do globo são acometidos das mesmas dúvidas e se defrontam, basicamente, com os mesmos desafios e contradições. Afeganistão, Iraque, Síria, Palestina, Ucrânia, México, Colômbia ou Peru, por exemplo, reproduzem, em sua essência, a mesma problemática e instigam-nos às mesmas reflexões.

Afinal, seriam esses os traços determinantes da guerra nas primeiras décadas do século xxi? Como interpretar a desordem e

22 A GUERRA NA ERA DA INFORMAÇÃO

a barbárie reveladas diariamente nos noticiários de TV? A estrutura conceitual que orienta o Estado na promoção de segurança e defesa atende, satisfatoriamente, às legítimas demandas da sociedade? Os tradicionais preceitos teórico-doutrinários que direcionam o preparo e regem o emprego das forças armadas, agências de inteligência e instituições policiais, ainda, são capazes de oferecer respostas apropriadas a todo tipo de ameaça? Como o terrorismo contemporâneo, o crime organizado transnacional, a proliferação de armas de destruição em massa, os ataques cibernéticos e a violência extremista se inserem na agenda internacional e, sobretudo, como podem ser combatidos e erradicados?

A análise de tais questões constitui o objeto deste livro.

Pretendemos, nestas páginas, delinear o perfil dos conflitos armados que emergem de um contexto histórico profundamente afetado pela revolução digital, contrapondo-se ao estereótipo da guerra consagrado pelas sociedades industriais. Para tanto, buscaremos comparar ambos os modelos de beligerância, a fim de apontar uma série de incongruências no atual uso do instrumento militar.

Infelizmente, o mundo ainda está distante de ser um lugar pacífico e seguro. A incompreensão das nuances das guerras pós-industriais e o excessivo apego a uma visão ortodoxa dos conflitos armados têm contribuído, sobremaneira, para agravar a desordem e o sofrimento que afligem os povos que habitam esse planeta. Interpretar a violência sob uma nova óptica, possivelmente, oferecerá novas perspectivas para a paz.

De fato, desde o fim da Guerra Fria, em 1991, surgiram inúmeras proposições doutrinárias visando a oferecer uma alternativa conceitual ao arquétipo de conflito sancionado pelas sociedades industriais. Porém, diferentes visões sobre o tema e abordagens dissonantes têm levado, de forma recorrente, a um perigoso desalinhamento entre as expectativas da opinião pública, a intenção dos decisores no nível político nacional e a percepção dos comandantes militares acerca dos objetivos, da efetividade e da própria natureza do emprego das forças armadas.

Não obstante, sem um claro entendimento da guerra, livre do rígido dogmatismo que tem orientado as tradicionais formas de beligerância, dificilmente seremos capazes de decifrar a dinâmica do mundo atual, identificar as verdadeiras ameaças à sociedade ou, tampouco, encontrar soluções duradouras para questões complexas que evolvem segurança e defesa. Em um período da história no qual o tempo e as distâncias foram virtualmente abolidos pela tecnologia da informação, o crescente valor atribuído à opinião pública tem revelado a capacidade de transformar cada indivíduo, onde quer que se encontre, em um protagonista que, muitas vezes, desconhece sua própria relevância. Portanto, esperamos, com esta obra, oferecer subsídios para que o leitor, seja ele civil ou militar, amplie sua compreensão acerca da violência armada nestas primeiras décadas do século XXI.

Transformações na conduta da guerra

Só existe uma coisa mais difícil do que pôr na cabeça de um militar uma ideia nova: tirar uma antiga.
Liddell Hart

Antes de ser um fenômeno político, a guerra é um fenômeno social. A despeito de todo protagonismo atribuído aos soldados nos campos de batalha, são as sociedades, e não os exércitos ou seus generais, que produzem as guerras. Essa assertiva nos permite concluir que transformações na conduta da guerra decorrem, em primeiro lugar, de transformações sociais.

No momento em que a humanidade deixa a Era Industrial para ingressar na Era da Informação, passando por rápidas e profundas alterações, devemos procurar entender, de forma objetiva, como essas mudanças afetam a natureza dos conflitos armados e impõem necessariamente uma *redefinição* e uma *ampliação* das agendas nacionais de segurança e defesa. Esse talvez seja o cerne

26 A GUERRA NA ERA DA INFORMAÇÃO

do problema para estudiosos que tentam compreender e delinear o ambiente estratégico, a fim de dotar as instituições militares de capacidades que lhes permitam, de fato, expandir seu repertório de missões para fazer frente a complexas e difusas ameaças.

A ideia equivocada de que se adequar às exigências do século XXI restringe-se, tão somente, à mera aquisição de moderna tecnologia pode levar ao desperdício de vultosos investimentos e à frustração das expectativas de estadistas e soldados que se mostram obcecados por armas inteligentes e guerras centradas em redes de computadores. É preciso ir além das inovações científicas. Contudo, antes de responder à questão sobre o tipo de força que estará apta a travar e vencer as guerras na Era da Informação, há que se realizar uma criteriosa análise do ambiente de conflito. Afinal, poucos fenômenos se mostraram tão recorrentes, ao longo dos últimos 5.000 anos, quanto exércitos se preparando para lutar a guerra errada.

É digno de nota que alguns dos mais importantes e influentes personagens da história militar, como Alexandre Magno, Napoleão Bonaparte, Gerhard von Scharnhorst, John Frederick Charles Fuller, Basil Henry Liddell Hart ou Heinz Guderian, por exemplo, foram indevidamente chamados de "visionários". Nenhum deles jamais possuiu o mérito de fazer acertadas previsões acerca do futuro da guerra. Todos se destacaram pela extrema lucidez com que interpretaram seu próprio tempo e se distanciaram da multidão que se mantinha presa a dogmas obsoletos e preceitos antiquados. Eles não vislumbraram o amanhã, mas compreendiam muito bem o presente. Não se trata, portanto, de um esforço para antever a "guerra do futuro". Ao contrário, o problema que nos afeta são os conflitos atuais.

Devemos admitir que o curso da história da humanidade, necessariamente, insere as confrontações armadas em um contexto social, político, geopolítico, econômico, ambiental e científico-tecnológico mais amplo. É a conjunção desses fatores que define a natureza da guerra, e não o contrário! Todavia, o apego incondicional a uma visão ortodoxa dos conflitos armados e, por conseguinte, do próprio papel idealizado para as forças armadas em uma ordem vestfaliana, restringe, sobremaneira, a readequação das instituições militares à Era da Informação, obstruindo o uso coerente e eficaz do poderio bélico convencional. Na verdade, as áreas conflagradas ao redor do mundo têm explicitamente demonstrado, ao longo das últimas décadas, o quão inócuo e anacrônico se tornou o uso da força militar calcado em preceitos e parâmetros da Era Industrial.

A constatação de que a crença ocidental no poder irrestrito dos canhões já não atende mais às demandas de defesa de uma nova era tem motivado, ao longo dos últimos anos, um acirrado debate epistemológico sobre a guerra. Em busca de respostas satisfatórias para "novos" desafios e "novas" ameaças, especialistas civis e militares, em todo o mundo, têm se dedicado ao estudo prospectivo dos conflitos do século XXI, esperando definir suas características fundamentais e, com isso, orientar adequadamente a evolução de suas forças armadas para uma ordem pós-industrial. Ainda assim, estadistas e, sobretudo, soldados continuam obcecados pela panaceia do "choque do aço na batalha decisiva", como aconteceu em Gettysburg (1863), Sadowa (1866), Sedan (1870), Tsushima (1905), Tannenberg (1914), Midway (1942), El Alamein (1942), Stalingrado (1943) ou Golã (1973), por exemplo.

GUERRA E PAZ:
O MALOGRO DO USO DA FORÇA
NOS ÚLTIMOS 100 ANOS

Em um livro intitulado *What Every Person Should Know about War* (*O que toda pessoa deveria saber sobre a guerra*, em tradução livre), o jornalista e escritor norte-americano Christopher Hedges afirmou que, no decurso dos últimos 3.400 anos de história, a humanidade desfrutou de, apenas, 268 anos de paz – o que corresponde a pífios 8% do tempo total.[1] Ou seja, para cada ano vivido longe dos campos de batalha, o ser humano dedicou 12 anos à guerra e à sua própria destruição. Conclusão semelhante foi apresentada pelo sociólogo russo Pitirim Sorokin, cujos estudos estatísticos revelaram que as guerras têm sido mais frequentes do que normalmente se supõe.[2]

Tais argumentos contrariam o senso comum de que a paz, a harmonia e o equilíbrio constituem o estado natural das relações humanas, por vezes, interrompido pela eclosão eventual e episódica de um conflito armado. Todavia, trata-se de um equívoco, ainda maior, supor que a condição própria do gênero humano seja a guerra. Tanto o pacifismo míope quanto o chauvinismo inconsequente ignoram o fato de que guerra e paz são, na verdade, fenômenos interdependentes e, em certa medida, indissociáveis. De acordo com o professor Geoffrey Blainey,

> Para cada mil páginas publicadas sobre as causas da guerra, menos de uma trata diretamente das causas da paz. No entanto, as causas de uma e de outra, logicamente, devem ser compatíveis [...]. Um diagnóstico válido da guerra se refletirá em um diagnóstico válido da paz.
>
> [...] Um obstáculo ao estudo da paz internacional é a suposição, amplamente difundida, de que essa é a situação normal. Trata-se, no entanto, de uma suposição equivocada.
>
> [...] Guerra e paz são mais que opostos; têm tanto em comum que não se entende uma sem a outra. [Ambas] parecem compartilhar a mesma estrutura de causas.[3]

Admitindo-se uma relação de reciprocidade ou nexo causal entre guerra e paz, é possível inferir acerca do propósito geral do uso da força. Ou seja, se a "má gestão" da paz leva, invariavelmente, à guerra ou a alguma outra forma de violência armada, o desfecho bem-sucedido de uma proficiente campanha militar deveria, *em tese*, contribuir para um longo período de paz e prosperidade. Esse raciocínio tem alimentado o discurso recorrente de estadistas e soldados que definem a "conquista da paz" como finalidade precípua da aplicação do poderio bélico. Até mesmo um guerreiro calejado em muitas batalhas cruentas como o general norte-americano Willian T. Sherman, cuja atuação na Guerra de Secessão (1861-1865) e nas chamadas Guerras Índias (1870-1900) foi criticada por seus excessos e por sua tolerância às violações de conduta, afirmou certa vez que "o legítimo objetivo da guerra é uma paz perfeita".[4]

De fato, a história nos oferece exemplos de conflitos armados cujos resultados finais contribuíram sobremaneira para períodos de relativa harmonia. A vitória do Duque de Wellington sobre Napoleão em Waterloo, no ano de 1815, é frequentemente citada por haver permitido a hábeis diplomatas reunidos no Congresso de Viena, como Matternich, Castlereagh e Talleyrand, restaurar o equilíbrio de poder na Europa, assegurando quase meio século de paz no continente.[5]

Entretanto, exemplos como esse se tornaram cada vez mais raros. Desde o início do século xx, a aplicação ortodoxa do poder militar tem se revelado ineficaz e contraproducente. Embora a guerra constitua, sob quaisquer perspectivas, uma tragédia, nada parece verdadeiramente justificar a desastrosa e ininterrupta sucessão de violência à qual a humanidade foi submetida ao longo dos últimos cem anos. Se o leitor nutre dúvidas a esse respeito, façamos um breve retrospecto.

Tudo começou em agosto de 1914, com aquela que deveria ser "a guerra destinada a acabar com todas as guerras". Deixando um saldo de aproximadamente 10 milhões de mortos, a Primeira Grande Guerra, que se arrastou até novembro de 1918, conduziu o Velho Mundo e a ordem internacional vigente à sua ruína; desorganizou a economia, permitindo que a fome e a revolução se propagassem entre populações aflitas; levou tiranos ao poder em muitos países; e, por fim, impeliu a humanidade para um conflito ainda mais sangrento entre os anos de 1939 e 1945. Cabe destacar que a violência armada no Oriente Médio, incluindo o terrorismo que estarrece a opinião pública nos dias atuais, decorre, sobretudo, da implosão de uma estrutura política arbitrariamente imposta pelas potências vencedoras – isto é, Inglaterra e França – por ocasião da partilha dos despojos do Império Turco-Otomano, após a conquista da Síria por tropas aliadas e guerrilheiros árabes em 1918.

A "paz" de Versalhes, firmada em 1919 segundo uma concepção estritamente punitiva, trouxe consigo as causas da próxima contenda. Cerca de 52 milhões de pessoas perderam a vida durante a Segunda Guerra Mundial.[6] A quantidade de civis, vítimas do genocídio e da destruição indiscriminada, superou o número de militares mortos nos campos de batalha. Até mesmo o sacrifício dos soldados pareceu ter sido em vão. O desfecho do conflito levou em termos práticos, tão somente, à substituição da ameaça representada por Adolf Hitler por outro déspota, Joseph Stalin. O temor de um império germânico que ambicionava conquistar seu espaço vital no Leste Europeu sob a égide criminosa do nazismo deu lugar ao imperialismo soviético, que colocou sob o jugo ideológico do comunismo vastos territórios, que se estendiam do coração da Alemanha ao oceano Pacífico, no Extremo Oriente.[7]

Não se deu chance à paz. Nas quatro décadas seguintes, as duas superpotências emergidas dos escombros da guerra – Estados Unidos e União Soviética – polarizaram a política internacional. Todavia, o medo e os riscos de uma hecatombe nuclear tornaram o confronto direto entre ambos os adversários uma opção nada razoável. Dessa forma, o conflito foi traspassado para a via indireta do Terceiro Mundo. Guerras de libertação na Ásia e na África, terrorismo no Oriente Médio e revoluções na América Latina se inseriram igualmente no contexto mais amplo da Guerra Fria.[8] Em uma era na qual a destruição mútua estava assegurada em face da disponibilidade de grandes arsenais atômicos, o emblemático fuzil AK-47 nas mãos de rebeldes e guerrilheiros se converteu na verdadeira arma de destruição em massa, enquanto mísseis balísticos intercontinentais permaneciam inertes em seus silos.

A análise crítica de outros conflitos ocorridos após o término da Segunda Guerra Mundial coloca também em dúvida os reais dividendos políticos e estratégicos decorrentes do uso da força.

Nesse período, as espetaculares vitórias militares obtidas pelas Forças de Defesa de Israel sobre os exércitos dos países árabes jamais impuseram um fim definitivo às hostilidades contra o povo judeu. Embora tenhamos que admitir a preservação do Estado judaico pela força das armas desde o ano de sua recriação em 1948, o conflito perene demonstra, de forma inequívoca, que vencer os combates e sobrepujar seus inimigos no campo de batalha não são, por si só, suficientes para assegurar a conquista da paz.

Em 1979, os poderosos tanques russos que irromperam a fronteira afegã se tornaram protagonistas do capítulo final da Guerra Fria. O Kremlin pretendia expandir seu império e proteger seus limites meridionais, mas dez anos de uma penosa ocupação militar foram decisivos para a queda do Estado soviético. Ademais, levou à "exportação maciça" de jihadistas para todo o planeta – o legado de violência desses dedicados militantes passou a constituir grave fator de desestabilização da ordem internacional.

Em 1982, tropas britânicas levaram a cabo a exitosa campanha de reconquista das ilhas Falklands/Malvinas, no Atlântico Sul. Ainda que o conflito das Malvinas seja comumente citado como exemplo de uma guerra limitada bem-sucedida, ele foi, sob a ótica do Estado argentino, simplesmente inútil e desastroso. O governo que recorreu à intervenção militar para satisfazer às suas reivindicações territoriais conseguiu, tão somente, precipitar o fim do cambaleante regime político existente em Buenos Aires.

Finda a Guerra Fria, em 1991, Washington liderou uma poderosa coalizão internacional para expulsar as tropas iraquianas que haviam invadido o Kuwait, apenas, para ter que as combater novamente em 2003. Na América Central, El Salvador, Honduras e Nicarágua, países que formam o chamado "Triângulo do Norte", encerraram suas guerras civis, na década de 1990, somente para testemunhar o recrudescimento da violência social sob a forma de banditismo e delinquência criminal.

As campanhas decorrentes dos ataques terroristas de 11 de Setembro não oferecem melhores exemplos acerca das vantagens do emprego do poderio bélico convencional.

Após os atentados contra o Pentágono e as torres gêmeas do World Trade Center, a Casa Branca declarou "Guerra global contra o Terror". Washington interveio militarmente no Afeganistão com o propósito de desmantelar a estrutura da organização terrorista Al-Qaeda e pôr fim ao regime teocrático do mulá Mohammed Omar. No entanto, depois de 15 anos de ocupação, o grupo Talibã controlava uma área maior do que aquela que possuía quando as primeiras equipes de forças especiais norte-americanas ingressaram no país. Além disso, a produção de ópio e, por conseguinte, o tráfico de heroína aumentaram exponencialmente. Tampouco se extirpou a ameaça representada por islamitas radicais. Esses são resultados considerados pouco compensadores para a mais longa campanha militar da história dos Estados Unidos.

No dia 1º de maio de 2003, em um pronunciamento inédito a bordo do porta-aviões USS Abraham Lincoln, o presidente George W. Bush aclamou o notável êxito da operação Iraqi Freedom[9] – uma campanha fulminante levada a cabo com o propósito de destituir do poder o ditador iraquiano Saddam Hussein. Contudo, não tardou para que o país, recentemente ocupado, sucumbisse diante da violência sectária e da resistência armada movida por grupos insurgentes e organizações terroristas.

No que se convertera a vitória militar? Tanques M1 Abrams e modernos aviões F-18 não levaram democracia, estabilidade e paz à Mesopotâmia. Ao contrário, o uso da força conflagrou todo o volátil Oriente Médio. Multidões esperançosas se voltaram contra seus governos despóticos, mas os levantes populares da chamada "Primavera Árabe", em pouco tempo, se degeneraram em luta fratricida.

Quando forças norte-americanas entraram em Bagdá, agências de notícia de todo o mundo veicularam, no dia 9 de abril de 2003, imagens de fuzileiros navais, ajudados por civis iraquianos em júbilo, derrubando uma grande estátua de ferro de Saddam Hussein. Antes de o monumento ir ao chão, o rosto do ditador foi coberto por uma bandeira dos Estados Unidos. Cerca de 10 anos depois, foram os jihadistas que derrubaram uma estátua de bronze do ex-presidente sírio Hafez Al-Assad na cidade de Raqqa, hasteando em seu lugar o estandarte negro do infame Estado Islâmico.[10]

Porém, o maior desalento de Washington encontra-se na admissão de que, em última análise, o grande beneficiário das guerras do Afeganistão e do Iraque foi, justamente, o Irã – principal antagonista norte-americano na região. Afinal, o que, de fato, se conseguiu com ambas as intervenções militares foi a deposição de autocracias antixiitas radicais em Cabul e Bagdá, restaurando a histórica área de influência do Império Persa. Os reais dividendos geopolíticos obtidos com as campanhas na Ásia Central e no Oriente Médio não corresponderam à magnitude dos esforços despendidos pela diplomacia norte-americana, tampouco aos vultosos investimentos financeiros destinados a fomentar as economias locais, remover desigualdades sociais, prover segurança e erigir governos democráticos. Sobretudo, os parcos resultados alcançados nos níveis político e estratégico contrastam fortemente com os êxitos táticos conquistados nos campos de batalha, com extrema proficiência, pelas forças armadas mais poderosas do planeta.

Obviamente, o uso do instrumento militar não pode ser entendido fora de um contexto específico. Soldados venceram guerras e depuseram tiranias. Suas difíceis conquistas, na maioria das vezes, criaram alternativas políticas que foram desperdiçadas por razões alheias às considerações estritamente militares. Todavia, a retrospectiva histórica dos últimos 100 anos, realizada muito brevemente nos parágrafos anteriores, incita-nos à reflexão acerca da real eficácia da aplicação do poderio bélico convencional como recurso destinado à construção de uma ordem internacional mais estável, equilibrada e harmoniosa.

Em que medida o oneroso emprego da força militar proporcionou, de fato, cenários políticos e estratégicos favoráveis? Em que medida as vantagens obtidas nos campos de batalha foram adequadamente utilizadas para gerar condições de paz e prosperidade? Em que medida a guerra se mostrou, verdadeiramente, útil para a consecução dos objetivos da "real política"?

Segundo o general inglês John Frederick Charles Fuller, um dos mais destacados estrategistas do século xx, "a brutalidade da guerra raramente é compensadora",[11] mas desde a deflagração da Primeira Guerra Mundial, em agosto de 1914, os conflitos tornaram-se desastrosos, retrocedendo à sua forma mais bárbara de destruição e carnificina – "o remédio tem sido pior do que o mal". Ademais, em determinados momentos ao longo dos últimos 100 anos, a humanidade emprestou os argumentos da ciência, a burocracia do Estado, os avanços da tecnologia e a fé em um Deus único para cometer alguns de seus piores crimes.

Em 1960, Fuller escrevia que "não há razão plausível para que o mundo de hoje esteja na desordem em que se encontra".[12] Desde então, os conflitos armados se tornaram mais complexos, as ameaças mais difusas, a ordem internacional mais volátil, o ambiente geopolítico mais ambíguo e a paz mais incerta.

AS IDEIAS DE CLAUSEWITZ:
A GUERRA COMO FENÔMENO POLÍTICO

Ao contrário do que muitos creem, a paz não pode ser conquistada no campo de batalha pelo sacrifício dos soldados ou em uma mesa de negociações pela astúcia dos diplomatas. Embora a paz, quase sempre, exija muita perseverança e determinação, ela simplesmente não pode ser conquistada, imposta ou instituída. É algo que só se torna tangível quando sistematicamente construído ao longo de um sólido processo político, social e econômico que estabeleça fundamentos robustos de justiça e prosperidade. De outra forma, a suspensão temporária da violência armada terá sempre duração efêmera. Indubitavelmente, o trabalho conjugado de estadistas e soldados é imprescindível, mas os esforços diplomáticos e militares somente se tornam efetivos como parte de um contexto mais amplo. Esse contexto é determinado pela política nacional.

Apenas a política do Estado é capaz de proporcionar coerência ao emprego do instrumento militar, uma vez que o uso do poderio bélico não se dá de forma autônoma; não está sujeito às suas próprias leis, obedecendo a uma dinâmica isenta de nexo ou subordinação a uma orientação superior. Equivale dizer que a guerra é um fenômeno eminentemente político. A inserção desse axioma no pensamento militar ocidental, como verdadeiro dogma, se deve a Clausewitz – oficial prussiano, autor de um dos mais influentes trabalhos literários de todos os tempos, o memorável *Vom Krieg* (*Da guerra*).

Nascido no dia 1º de junho de 1780, na cidade de Burgo, na Alta Saxônia, Carl Philipp Gottlieb von Clausewitz incorporou no exército ainda bem jovem, aos 12 anos de idade, como era de costume em sua época. Recebeu seu batismo de fogo em 1793, durante as campanhas da Primeira Coalizão contra os revolucionários franceses que, com suas ideias libertárias, ameaçavam

36   A GUERRA NA ERA DA INFORMAÇÃO

os regimes monárquicos da Europa absolutista. Passados alguns anos, ingressou na academia militar de Berlim, a *Kriegsakademie*, onde despertou a atenção de seu comandante, o general Gerhard Johann David von Scharnhorst, reformador do Exército prussiano. Combateu nas Guerras Napoleônicas, embora jamais tenha exercido uma destacada função de comando, desempenhando, essencialmente, as lides de oficial de Estado-maior. Na Batalha de Jena-Auerstädt (1806), foi ferido e capturado. Negando-se a se submeter aos franceses, juntou-se aos russos na vitoriosa campanha de 1812. Depois disso, foi readmitido nas fileiras do Exército do seu país, onde permaneceu até sua morte, em 16 de novembro de 1831, vítima de uma epidemia de cólera. Como oficial general, dirigiu a academia militar e foi nomeado chefe do Estado-maior do Exército prussiano.

A obra de Clausewitz é composta de três partes, perfazendo um total de oito livros publicados postumamente por sua viúva, Maria. Apenas o primeiro capítulo do Livro I foi considerado definitivamente acabado pelo autor. Seus escritos constituem um extenso tratado filosófico sobre a guerra, subsidiado pelo estudo das campanhas de Gustavo Adolfo, Carlos XII e Frederico, o Grande. Ainda que tenha buscado a pureza do método científico para chegar a deduções lógicas sobre os princípios naturais que regem os conflitos armados, Clausewitz fez bom uso de décadas de observação pessoal dos campos de batalha da Europa.[13]

Embora tenha sido imortalizado por seu legado intelectual, não deixou de ser um produto de seu próprio tempo e das mudanças que se processavam à sua época. Sua visão abstrata da guerra foi influenciada sobremaneira pelo cataclismo provocado pelas forças políticas e sociais que emergiram da Revolução Francesa e, em especial, pelo profundo impacto do gênio de Napoleão Bonaparte sobre a conduta da guerra pré-industrial.

Os discípulos mais ortodoxos de Clausewitz apegaram-se a uma interpretação literal de sua obra, retirando-a de seu contexto histórico. Ademais, sua abordagem metafísica do tema deu margem a toda sorte de ilações. A apologia à guerra total, a ênfase à batalha decisiva e a defesa intransigente do desarmamento do inimigo como objetivo precípuo das operações militares levaram a uma profusão incontida de violência. Generais verdadeiramente imbuídos das ideias de Clausewitz tornaram-se obcecados pela perspectiva inebriante de derramamento de sangue,[14] em detrimento de uma compreensão mais racional do poder militar.

Todavia, nem mesmo os críticos mais severos consideram que Clausewitz, o "filósofo da guerra", tenha se tornado, com o passar dos séculos, um personagem passível de ser descartado pela história. Sua maior contribuição – o entendimento da guerra como fenômeno político – ainda se mantém como um princípio universalmente aceito:

> A guerra não é somente um ato político, mas um verdadeiro instrumento político, uma continuação das relações políticas, uma realização destas por outros meios [...] a intenção política é o fim, enquanto que a guerra é o meio, e não se pode conceber o meio independente do fim.
>
> [...] em todas as circunstâncias a guerra tem que ser considerada como um instrumento político e não como uma coisa independente; é somente desse ponto de vista que evitaremos entrar em contradição com toda história da guerra.[15]

De acordo com o "dogma clausewitziano", portanto, o êxito da aplicação do poderio bélico encontra-se rigorosamente atrelado à consecução de objetivos nacionais explicitamente definidos na política do Estado. Quando isso não acontece, a expressão militar do poder nacional se torna desprovida de sentido e as forças armadas são, de antemão, condenadas ao insucesso, independentemente dos ganhos táticos que possam vir a conquistar no campo de batalha.

Porém, a tradição militar ocidental traz consigo uma imperfeição que lhe é intrínseca, qual seja: a rígida associação entre vitória militar e triunfo político. Trata-se de uma herança cultural legada da Antiguidade clássica, quando a falange grega e, depois dela, a falange macedônica se mostraram capazes de exercer uma hegemonia absoluta sobre todos os seus inimigos, permitindo-lhes reduzir controvérsia de qualquer natureza a uma mera questão de força. Desde então, no Ocidente, estratégia (termo grego que se refere à "arte do general") tem se limitado, em sua essência, ao uso do poderio militar com o estrito propósito de subjugar forças oponentes, por meio de embates campais, aéreos ou navais.

O próprio Clausewitz foi vítima da obsessão ocidental pela batalha, tornando-se o maior de todos os ideólogos da guerra do total. Ainda que tenha definido com rara clareza e precisão a subordinação do instrumento militar à política do Estado, não deixou de louvar o uso irrestrito da força, conduzindo seus discípulos, inadvertidamente, pelo constructo teórico-doutrinário que culminou com duas confrontações mundiais na primeira metade do século xx.

Fuller chamou a atenção para o fato de que, "dentre todas as deficiências de visão de Clausewitz, a mais importante foi que ele jamais compreendeu que o verdadeiro objetivo da guerra é a paz e não a vitória. A paz, portanto, deve ser a ideia dominante na política e a vitória o meio para sua consecução".[16] O general alemão Hans von Seeckt chegou a conclusão semelhante: "a afirmação de que a guerra é a continuação da política por outros meios tornou-se uma frase vazia e, por conseguinte, perigosa. Podemos afirmar com a mesma exatidão que a guerra é a falência da política".[17]

Em contraposição à concepção ocidental, a milenar civilização chinesa possui um entendimento bem mais amplo e acurado daquilo que pode ser considerado "a arte da guerra". Para os orientais, a verdadeira estratégia inclui meios políticos, econômicos, psicológicos e morais, que devem preceder o arriscado uso do instrumento militar.[18] Segundo Mark McNeilly:

> A meta da estratégia [chinesa, conforme expressa no pensamento de Sun Tzu] é não só atingir os objetivos da nação em sua esfera de influência, mas fazer isso sem apelar para a luta.
>
> [...] É melhor não vencer pela eliminação do inimigo, mas por evitar a luta e movimentar-se estrategicamente para obter domínio, sobrevivência e prosperidade relativos. Essa abordagem deixa a nação intata, permitindo-lhe dominar uma paz saudável, em vez de uma paz que estimule o ressentimento e a pobreza.[19]

Ou seja, nada deve nos levar a confundir vitória militar com êxito político, sob pena de admitirmos que os meios monopolizem, indevidamente, os fins. A própria guerra é um fenômeno que transcende a dimensão tática do campo de batalha. A França, por exemplo, não foi derrotada militarmente na Argélia. Ainda assim, os acordos de Evian, firmados em 1962, sagraram a vitória emancipacionista da Frente de Libertação Nacional.

O mesmo se deu com Portugal em Angola e Moçambique, e com os Estados Unidos no Vietnã.

Certa vez, o coronel norte-americano Harry Summers Jr. assegurou perante um oficial norte-vietnamita que os comunistas jamais haviam batido o Exército dos Estados Unidos nas selvas do sudeste asiático. "Pode ser, mas isso é irrelevante", respondeu seu interlocutor.[20] Ele tinha razão e não se tratava de nenhum paradoxo. Apenas a desconstrução do rígido dogmatismo que rege o pensamento de Clausewitz, para quem o sucesso tático, estratégico e político constituem sempre elementos indissociáveis e interdependentes, que se fundem no ápice da *batalha decisiva*.

A questão fundamental, portanto, consiste em harmonizar, de forma hábil e racional, o temerário e oneroso uso do instrumento

40 A GUERRA NA ERA DA INFORMAÇÃO

militar com o emprego de meios não militares, a fim de atender às especificidades do contexto político existente.

Ao se opor à invasão do Iraque em 2003, o general norte-americano Wesley Clark advertiu sobre os riscos de se criarem expectativas exageradas acerca da utilização do poderio bélico. Fazendo alusão ao escritor Mark Twain, afirmou: "quando a única ferramenta de que você dispõe é um martelo, todo problema tende a ser tratado como um prego". Ou seja, os estadistas em Washington, contando com as forças armadas mais poderosas do planeta, se mostravam inclinados a enxergar qualquer desafio político, por mais complexo que fosse, como algo passível de ser solucionado por meio do emprego de tropas.

Não tardou para que a administração Bush testemunhasse o sucesso de uma campanha militar fulminante esvair-se em decorrência de objetivos políticos mal definidos. A Guerra do Iraque revelou ao mundo uma política de Estado inconsistente apoiada em uma estratégia incoerente, como previu o general Clark. Reaprendia-se uma velha lição da história: conquistas táticas não são, por si só, capazes de reparar equívocos políticos e estratégicos.

A guerra é, de fato, um fenômeno político, como assegurou Clausewitz no século XIX. A partir do momento em que estadistas optam pela aplicação do poderio bélico, o êxito no campo de batalha e a firme determinação para levar uma campanha a bom termo não podem ser negligenciados. Porém, a vitória militar torna-se desprovida de sentido quando não lança as bases de uma paz justa e duradoura. A diplomacia falha quando não permite que as necessidades e aspirações das populações envolvidas se sobreponham ao oportunismo político e aos interesses econômicos de grupos minoritários. O Estado é derrotado quando não se mostra capaz de construir um ambiente próspero e estável, acreditando apenas no poder destrutivo de seus exércitos.[21]

ALÉM DAS IDEIAS DE CLAUSEWITZ:
A GUERRA COMO FENÔMENO SOCIAL

A justa ênfase atribuída ao primado da política na condução da guerra[22] obscurece o fato de que, antes de ser um fenômeno político, a guerra é um fenômeno social. A natureza da sociedade, mais do que a natureza da política, define a verdadeira essência do conflito armado.

Nas décadas de 1970 e 1980, o casal Alvin e Heidi Toffler obteve notoriedade ao propugnar teorias pós-modernas relativas à revolução da informação e seus reflexos nos mais diversos campos da atividade humana, incluindo os conflitos armados. Eles chamaram a atenção para três grandes estágios – ou "ondas" – de desenvolvimento socioeconômico ao longo da história, a saber: agrícola, industrial e da informação. Segundo os Toffler, o modo como a humanidade produz (ou produzia) sua riqueza definiu cada um desses estágios, assim como estabeleceu os padrões segundo os quais as sociedades têm lutado entre si.

Em tempos pretéritos, culturas pré-agrícolas nômades e seminômades, como os povos originários do Brasil, por exemplo, realizavam suas correrias guerreiras com o estrito propósito de subsistência. As tribos disputavam territórios de caça, além de capturar mulheres e crianças de outras etnias, visando à renovação do parco estoque genético disponível. A função social de todo homem em idade adulta restringia-se, tão somente, à caça e à guerra. Dispunham de armas artesanais e táticas rudimentares, com as quais proviam a defesa de sua coletividade. As incursões possuíam alcance limitado, obedecendo à sazonalidade do habitat e o ciclo de perambulação do grupo. A luta era ornada com alegorias rituais, caracterizando a forma mais primitiva de combate.

A sedentarização alterou o caráter da guerra. Sociedades que contavam com uma agricultura robusta e sofisticada produziam

42 A GUERRA NA ERA DA INFORMAÇÃO

mais alimentos e, por conseguinte, experimentavam um incremento demográfico significativo. Maiores contingentes populacionais demandavam maiores espaços cultiváveis. Além de mais terras férteis, era necessário ampliar a força de trabalho por meio da incorporação de mão de obra escrava. Dessa forma, deu-se o advento da *guerra de conquista*.

Como o plantio exigia cuidados ao longo do ano, tornou-se inevitável, também, fazer distinção entre o lavrador e o soldado, originando uma casta de guerreiros, como na Grécia antiga – embora, por razões óbvias, a maioria dos combates fosse travada no período compreendido entre a semeadura e a colheita. Ademais, o surgimento da metalurgia do bronze provocou um notável avanço na tecnologia das armas de guerra, tornando-as bem mais resistentes e letais. Novas armas levaram a sensíveis aperfeiçoamentos táticos.

O desenvolvimento do comércio auferiu valor estratégico a portos, rotas de caravanas e regiões de passagem. Floresceram impérios e, com eles, a luta pela hegemonia de poder, isto é, o alargamento dos limites geográficos submetidos a um governo central. Dessa forma, a preservação da unidade política se transformou em um dos objetivos da guerra. Surgiu, também, a insurreição, pois os povos subjugados lutavam por liberdade e pela restauração de prerrogativas que lhes haviam sido usurpadas.

No confronto entre impérios, predominavam as disputas territoriais. Afinal, nas sociedades agrícolas, a geração de riquezas e as condições de prosperidade econômica permaneciam diretamente associadas aos recursos disponíveis na natureza. As guerras expansionistas podiam ser muito cruentas. Mas a paz decorrente da supremacia absoluta era quase sempre estável, como foi a *pax romana*.

Entretanto, com o declínio e a fragmentação dos impérios, surgiam Estados menores, incapazes de se imporem uns sobre os outros de forma definitiva. As disputas possuíam caráter limitado e orbitavam em torno de um frágil equilíbrio de poder. A paz se mostrava instável, mas, em contrapartida, a intensidade dos conflitos tendia a ser moderada.

O padrão anteriormente descrito se repetiu em diferentes civilizações ao longo da história.

Cabe destacar que questões objetivas, como reivindicações territoriais ou querelas políticas, proporcionavam metas tangíveis e claramente definidas para o uso da força, contribuindo para que as campanhas militares se desenvolvessem dentro de limites razoáveis de violência. Porém, sempre que abstrações se somavam às causas da guerra, havia uma maior propensão às atrocidades – justamente por impor fins messiânicos inatingíveis às operações militares. As lutas religiosas, essencialmente ligadas aos credos monoteístas, agregaram extrema brutalidade à conduta de soldados imbuídos de uma "missão divina". O mesmo aconteceu com as ideologias políticas surgidas a partir do século XVIII, que, impelidas pela sacralização da utopia, deram grande alento à guerra revolucionária.

As sociedades democráticas nascidas das Revoluções Americana (1776) e Francesa (1789) também promoveram mudanças significativas nos conflitos armados. No final do século XVIII, os exércitos semiprofissionais dos reis europeus começaram a ser substituídos por legiões de *cidadãos-soldados*, cujas baixas no campo de batalha podiam ser, facilmente, repostas pela mobilização compulsória da "nação em armas". As táticas tornaram-se mais agressivas e os combates mais renhidos, dando novo ímpeto às operações militares.

Ao contrário dos antigos regimes absolutistas, o "governo do povo" depende, sobremaneira, da aquiescência da opinião pública para levar adiante sua política de Estado, especialmente quando esta se vale do uso das forças armadas para a guerra. Assim sendo, intensas campanhas de propaganda e preparação psicológica, destinadas a inflamar as paixões populares, passaram a preceder o

44 A GUERRA NA ERA DA INFORMAÇÃO

início das hostilidades. Multidões entusiasmadas se mostram mais inclinadas à selvageria e à desumanização do inimigo. Além disso, a própria população civil do Estado antagônico pode ser vista como um alvo legítimo, pois representa o esteio do poder político oponente. Em 1901, antevendo o morticínio das conflagrações mundiais, Winston Churchill assegurou com notável precisão: "as guerras dos povos serão mais terríveis que a dos reis".[23]

Por outro lado, o ardor popular se esmorece facilmente com o passar do tempo, dando lugar a manifestações pacifistas, sobretudo, quando os custos da guerra se tornam muito altos. Dessa forma, conflitos perenes, que exigem esforços de longo prazo – como as contrainsurgências, por exemplo –, normalmente são um estorvo para as democracias.

A opinião pública é volúvel e o Estado se mostra suscetível às suas variações de tendências. A alternância dos governos eleitos pelo voto popular impõe constantes mudanças nos rumos da política nacional. Assim sendo, a estratégia militar se submete a demasiados reajustes, comprometendo-lhe a eficácia.

Mas, a despeito das forças políticas e sociais que emergiram no final do século XVIII, as sociedades agrícolas conservaram a essência da batalha intacta. Em termos táticos, um granadeiro de Bonaparte lutava, em formação cerrada, de modo muito semelhante a um centurião de Júlio César. Porém, o advento da sociedade industrial alterou drasticamente a face da guerra.

As enormes transformações advindas da Revolução Industrial, na segunda metade do século XIX, surpreenderam por sua celeridade, amplitude e profundidade. Jamais em toda a sua história a humanidade havia experimentado mudanças tão intensas e em tão pouco tempo. A máquina e os avanços incontidos da ciência alteraram a sociedade em seus fundamentos. O materialismo e o cientificismo solaparam a primazia da religião. As fábricas absorveram a população campesina e, com o êxodo rural, os centros urbanos cresceram, redefinindo a geografia do poder político e econômico do campo para a cidade. A produção fabril gerou uma busca insaciável por novos mercados consumidores, alterando as trocas comerciais entre as nações. Surgiu a necessidade imperativa de garantir acesso a matérias-primas industriais e a fontes energéticas, como o carvão e o petróleo, por exemplo. Com isso, África e Ásia foram lançadas, sob o impulso do neocolonialismo, à sanha predatória das potências europeias.

As relações entre trabalho e capital também se modificaram. A burguesia industrial substituiu a burguesia mercantil. A demanda crescente por mão de obra nas fábricas deu origem a uma nova classe social, o proletariado. Suas degradantes condições de subsistência propiciaram o surgimento de diferentes correntes socialistas. Parte desse ideário, como o anarquismo e o marxismo, forneceu novos fundamentos ideológicos à guerra revolucionária.

Quando se chocavam, as sociedades industriais, com toda sua pujança e poder, se mobilizavam metodicamente para a *guerra total*, ignorando qualquer tipo de limite físico ou moral. O desenvolvimento tecnológico do campo de batalha tornou-o, exponencialmente mais letal. O poder destrutivo dos exércitos alcançou patamares inimagináveis, ultrapassando as zonas de conflito e atingindo populações absolutamente indefesas no interior do próprio país inimigo. Novas armas contrastavam com táticas obsoletas. Gerações de jovens foram inutilmente desperdiçadas, dizimadas pelo fogo implacável das metralhadoras. Centros urbanos se tornaram alvos de campanhas de aniquilamento. A humanidade experimentou devastação sem precedentes.

Assim, ao impor transformações tão profundas à sociedade, a Revolução Industrial alterou a própria essência dos conflitos armados – suas causas, seus objetivos e seus métodos. O juízo acerca do uso da força se submeteu a novos preceitos e valores, criando um novo paradigma para o emprego do poderio bélico. Afinal, a natureza sociológica da guerra se sobrepõe à sua natureza política.

46 A GUERRA NA ERA DA INFORMAÇÃO

OS CONFLITOS DA "IDADE DO AÇO"

A Guerra da Crimeia (1853-1856) foi o primeiro conflito a experimentar, ainda que de forma incipiente, os avanços tecnológicos advindos da Revolução Industrial. Quando tropas inglesas e francesas se aliaram ao Império Turco-Otomano para frustrar as pretensões expansionistas russas, o mundo testemunhou o prelúdio de uma nova era. O telégrafo, a ferrovia, as armas de cano raiado e de carregamento pela culatra, as minas marítimas, a blindagem naval, o registro fotográfico e, até mesmo, o uso de anestésicos nos hospitais de campanha apontavam para uma mudança significativa na conduta da guerra.

Em outubro de 1854, durante a memorável carga da Brigada Ligeira, na Batalha de Balaclava, as táticas pré-industriais deram os primeiros sinais de obsolescência. O malsucedido ataque frontal colocou a cavalaria de Sua Majestade sob o impiedoso fogo da artilharia russa. Os soldados britânicos foram massacrados – alvejados, simultaneamente, em ambos os flancos, enquanto avançavam em campo aberto pelo "vale da morte", de forma intrépida e suicida, diretamente para a linha de canhões inimigos. O ataque, imortalizado nos versos de Alfred Tennyson e Steve Harris, durou apenas 20 minutos. Pouco menos de 700 homens investiram contra as posições russas, somente 195 sobreviveram.[24] O aumento do poder de fogo tornara impraticável o emprego de tropas emassadas combatendo em formações cerradas.

Porém, a Guerra da Crimeia foi considerada, tão somente, um conflito protoindustrial. A primeira guerra da "Idade do Aço" eclodiu, de fato, em abril de 1861, quando canhões confederados abriram fogo contra o forte Sumter, na Carolina do Sul, dando início à Guerra de Secessão.

Além do incremento tecnológico, a guerra civil norte-americana levou ao confronto direto uma sociedade industrial emergente, representada pela União, e uma sociedade agrário-escravocrata, representada pelos Estados confederados do sul.

Ambos os contendores se viram obrigados a recorrer à conscrição em massa para atender à demanda crescente da guerra. O número de jovens mobilizados e postos em armas não tinha precedentes na história. A ferrovia, utilizada para transportar homens e suprimentos para o *front*, e o telégrafo, empregado para transmitir ordens de missão, desempenharam papel de grande importância tanto no planejamento da campanha quanto na preparação da batalha. O poder de fogo se sobrepôs às táticas pré-industriais, obrigando, cada vez mais, as tropas a se entrincheirarem. O número de baixas foi alarmante. Cerca de meio milhão de soldados pereceu durante a guerra. A traumática lição de Balaclava foi repetida na Batalha de Gettysburg, em julho de 1863, quando o general George Pickett liderou sua infantaria, metodicamente disposta no terreno, em um malfadado assalto frontal às posições defensivas da União.

Entretanto, o aspecto mais notável foi o uso combinado de estrangulamento econômico e devastação do território para obter resultados estratégicos decisivos, num crasso exemplo de guerra total. O bloqueio naval imposto pela Marinha da União aos portos sulistas mostrou-se crucial para o desfecho do conflito. Os Estados confederados constituíam uma sociedade agrícola, cuja economia se baseava, sobretudo, na monocultura de exportação. Assim sendo, privados do comércio exterior, não podiam sustentar por muito tempo seu esforço de guerra.

No interior do continente, o general Sherman, depois de conquistar a cidade de Atlanta em 1864, marchou através da Geórgia, realizando um envolvimento profundo pela retaguarda inimiga, até atingir o porto de Savannah. Suas tropas atacaram, de forma deliberada e sistemática, a infraestrutura local, destruindo, pilhando e queimando tudo que encontraram pelo caminho. Além de privar os exércitos do sul de seus recursos econômicos, Sherman direcionou toda violência da guerra contra a população civil, a fim de aquebrantar-lhe o moral e, com isso, impelir o inimigo à rendição. Jefferson Davis, presidente confederado, se referiu a Sherman como o "Átila do continente americano".[25] Liddell Hart, um dos maiores pensadores militares do século XX, rotulou-o como o primeiro general da Era Industrial.

Durante a Guerra Franco-Prussiana (1870-1871), a industrialização já havia se tornado uma realidade patente. Entretanto, foi somente na primeira metade do século passado que os conflitos da "Idade do Aço" atingiram seu ápice, com as duas guerras mundiais.

Em retrospecto, é fácil descrever o perfil das guerras industriais. Mas foi difícil identificar seu padrão durante as rápidas transformações tecnológicas que estavam em curso. Muitos teóricos fizeram previsões bastante equivocadas a seu respeito. Essas guerras foram incorporando suas características paulatinamente, por isso conservaram algumas diferenças entre si. De um modo geral, os conflitos industriais foram marcados por:

- cenários previsíveis, elaborados segundo um número restrito e predeterminado de ameaças;
- ameaças provenientes de outros Estados nacionais;
- confrontos de identidades nacionais, moldados por interesses políticos e econômicos;
- compreensão da guerra como mero recurso da política do Estado-nação;
- esforço de guerra dependente da conscrição em massa e da mobilização nacional;
- conflitos protagonizados por exércitos nacionais permanentes de Estados antagônicos;
- primazia das ações no campo militar, complementadas por pressões políticas e embargos econômicos;
- ênfase na aplicação do poderio bélico convencional para destruir as forças militares do inimigo;

- aplicação do poder de combate em toda sua plenitude com pequena incidência de restrições legais sobre as operações militares, resultando em ampla liberdade para o emprego da máxima força letal; e
- delimitação temporal e geográfica do conflito armado, com clara definição da vitória no campo militar.

As duas guerras mundiais consagraram o estereótipo da "guerra industrial" como dogma, tanto para a formulação de políticas de defesa quanto para a destinação das forças armadas. É inegável que, de um modo geral, o senso comum conserva um entendimento da guerra limitado, essencialmente, ao conflito interestatal, protagonizado por exércitos nacionais permanentes e orientado para a consecução de objetivos políticos na estrita acepção de Clausewitz. É de acordo com esse paradigma que as forças armadas, em todo o planeta, têm se organizado, treinado e desenvolvido suas capacidades.

O FIM DOS CONFLITOS DA ERA INDUSTRIAL

Decerto, o paradigma da guerra industrial monopolizou a mente de estadistas e soldados. Entretanto, o período pós-1945 se caracterizou pela incidência cada vez maior de conflitos irregulares. Ou seja, pelo crescente protagonismo desempenhado por atores armados não estatais, como, por exemplo, movimentos de luta armada, grupos rebeldes e organizações terroristas.

Embora muitas confrontações tenham obedecido à ortodoxia das guerras convencionais, como a Guerra da Coreia (1950-1953), a Guerra dos Seis Dias (1967), a Guerra do Yom Kippur (1973), a Guerra das Malvinas (1982) ou a Guerra Irã-Iraque (1980-1988), foi possível observar uma incontida proliferação de guerras civis, insurreições e diversas outras formas de distúrbios internos ao redor do mundo. Tanto o desmantelamento do império colonial europeu quanto a farta disseminação de revoluções marxistas deram origem a inúmeras "pequenas guerras" e "conflitos de baixa intensidade" – termos que se referiam a todo tipo de luta que estivesse em desacordo com a concepção clausewitziana de *guerra total*.

Porém, diante de guerrilheiros, insurgentes e terroristas, os exércitos industriais se revelavam inadequados e ineficazes. Afinal, eram instituições organizadas, armadas e adestradas para outro tipo de embate. Assim sendo, não surpreende o fato de que, à época, até mesmo as duas maiores potências militares do planeta, isto é, Estados Unidos e União Soviética, tenham sofrido derrotas fragorosas no Vietnã e no Afeganistão, respectivamente.

Ainda assim, os soldados profissionais permaneciam obcecados pelo modelo da guerra industrial, incapazes de reconhecer que o instrumento militar deve ser apropriado a qualquer ambiente de conflito. Desse modo, refutavam seus engajamentos em "pequenas guerras", considerando-as desvios, temporários e indesejáveis, daquilo que julgavam ser a "verdadeira" atribuição das forças aramadas, qual seja, travar a épica batalha de atrito.

Portanto, sempre que os "grandes exércitos de aço" acumulavam insucessos diante de adversários supostamente mais fracos, os líderes militares atribuíam as causas do fracasso, apenas, a avaliações políticas equivocadas e a falhas de planejamento estratégico, sem admitir a própria inépcia das forças armadas. Em 1973, depois da traumática experiência nas selvas do sudeste asiático, as autoridades norte-americanas adotaram uma postura pragmática em face do problema: simplesmente, mostraram-se determinadas a não incorrer no mesmo erro, permitindo que soldados dos Estados Unidos fossem enviados para combater em outra guerra como o Vietnã.

Entretanto, a longa luta na península da Indochina também serviu para chamar a atenção acerca de graves problemas que surgiram no seio das tropas norte-americanas. Liderança precária, racismo, uso abusivo de drogas, treinamento insatisfatório e indisciplina[26] contribuíram para o colapso moral na linha de frente e, por conseguinte, para o cometimento de crimes de guerra, em especial, o ataque indistinto à população nativa.

Nas décadas que se seguiram, o governo de Washington e suas forças armadas envidaram esforços significativos com o propósito de corrigir todas essas distorções. O resultado pôde ser observado na Guerra do Golfo de 1991, quando uma coalizão de quase 40 países, liderada pelos Estados Unidos, libertou o Kuwait do jugo iraquiano. Segundo Frank Schubert e Theresa Kraus:

> A invasão do Kuwait pelo Iraque veio a acontecer no momento em que o Exército dos Estados Unidos completava seu processo de vinte anos de modernização e reformas. O Exército de 1990 foi, sem dúvida, a força militar mais eficiente e profissional que os Estados Unidos já haviam posto em ação no começo de uma guerra externa.[27]

Naquela oportunidade, o mundo assistia à implosão do império soviético e o surpreendente desfecho da Guerra Fria. A atuação das Forças Armadas norte-americanas, nas areias do deserto, sagrou a hegemonia militar dos Estados Unidos, depois de décadas de preparação para enfrentar Moscou e seus aliados do Pacto de Varsóvia. Embora tenha sido breve, a campanha do Golfo trouxe profundas implicações sobre o curso da história, pondo um fim aos conflitos da Era Industrial.

Além de possuir enormes reservas de petróleo, o pequeno Kuwait encontra-se estrategicamente localizado às margens do golfo Pérsico. Obviamente, sua anexação pelo regime despótico de Bagdá representou uma ameaça direta aos interesses norte-americanos na região. Ademais, a presença de tanques na fronteira expôs as vulnerabilidades da vizinha Arábia Saudita, um importante aliado de Washington no Oriente Médio. Dessa

52 A GUERRA NA ERA DA INFORMAÇÃO

forma, a Casa Branca não tardou a oferecer uma resposta firme e contundente, por meio da mais complexa e concentrada projeção do poderio militar norte-americano desde a Segunda Guerra Mundial.[28]

Quando Saddam Hussein ordenou que seus soldados irrompessem as fronteiras do Kuwait, em agosto de 1990, contava com uma poderosa força de mais de um milhão de homens, organizados em 43 divisões de exército, incluindo tropas de elite da Guarda Republicana e 20 brigadas de forças especiais. O ditador iraquiano também dispunha de 4.500 carros de combate, dentre os quais o modelo russo T-72; 2.880 viaturas blindadas de todos os tipos; e 3.200 peças de artilharia, incluindo lançadores múltiplos de foguetes e mísseis convencionais soviéticos, além do canhão sul-africano G5, cujo alcance de 40 quilômetros superava o similar norte-americano. Ainda que apresentasse sérias deficiências em treinamento, moral e liderança, o Iraque era, sem sombra de dúvida, uma importante potência militar regional.[29]

Porém, submetidas a um mês de bombardeios "cirúrgicos", as tropas de Saddam Hussein não resistiram a meras 100 horas de ofensiva terrestre. Afinal, nada podiam fazer para se contraporem à esmagadora superioridade bélica dos Estados Unidos. De fato, a campanha de libertação do Kuwait, cognominada "operação Tempestade do Deserto", revelou ao mundo uma "máquina de guerra" imbatível.

Em 1991, a doutrina norte-americana para o combate de armas combinadas, conhecida por "batalha ar-terra", representou a quintessência da arte da guerra na Era Industrial. Soldados bem treinados, conduzidos por líderes competentes, dispunham da mais moderna tecnologia de combate. Décadas de vultosos investimentos em pesquisa e desenvolvimento resultaram nos mais avançados sistemas de armas e equipamentos de emprego militar: carros de combate Abrams, viaturas blindadas Bradley, helicópteros de ataque Apache e de assalto Black Hawk, caças F-18 Hornet, bombardeiros *stealth* F-117 e uma infinidade de outros meios, incluindo veículos aéreos não tripulados, informações satelitais, equipamentos optrônicos de visão noturna e sofisticados recursos de pontaria e guiagem a laser. Além disso, sistemas de redes robustos integraram computadores ao processo decisório, assegurando tanto o aumento da capacidade de comando e controle dos comandantes táticos quanto o emprego sincronizado das unidades de combate.

Em termos numéricos, os Estados Unidos desdobraram mais de 527 mil homens; mais de 1.200 carros de combate e 2.200 viaturas blindadas de transporte de pessoal; mais de 100 navios de guerra, incluindo 6 porta-aviões; mais de 1.800 aviões militares de todos os tipos e mais de 1.700 helicópteros. Dentre os 35 países que também tomaram parte na coalizão com o envio de tropas, destacaram-se Arábia Saudita (110.500), Emirados Árabes Unidos (43 mil), Grã-Bretanha (42 mil), Omã (25.500) e França (20 mil).[30]

A Casa Branca fixara como seu objetivo político a restauração do *status quo* regional. A administração do presidente George Bush esperava expulsar Saddam Hussein do Kuwait, sem, contudo, alterar o frágil equilíbrio de poder existente no volátil Oriente Médio. Assim sendo, os estrategistas norte-americanos, no melhor estilo de Clausewitz, definiram como meta de seu planejamento de campanha isolar o campo de batalha, a fim de cercar e destruir a Guarda Republicana iraquiana. Para tanto, na madrugada do dia 24 de fevereiro, depois de conquistarem a supremacia aérea ao longo de um mês de intensos bombardeios aéreos, as forças da coalizão desencadearam uma rápida manobra de flanco, por meio de um desbordamento simples.

Embora o sol inclemente castigue os homens e a areia danifique o equipamento, o deserto é o terreno ideal para a guerra de movimento calcada em formações blindadas e tropas mecanizadas, como preconizavam os manuais do Exército dos Estados Unidos. Diante de tais circunstâncias, nada pôde ser feito para impedir que a coalizão liderada por·Washington impusesse uma derrota esmagadora a seu oponente.

Ao término da ofensiva, Saddam Hussein havia perdido 3.847 carros de combate, mais da metade de suas viaturas blindadas e quase toda a sua artilharia. Em contraste às grandes perdas sofridas pelos iraquianos, cujo número de baixas em combate ainda é desconhecido, a libertação do Kuwait exigira um custo relativamente modesto das tropas norte-americanas – apenas 148 mortos. De acordo com Frank Schubert e Theresa Kraus, a "Tempestade do Deserto" foi a mais rápida e mais completa vitória militar da história dos Estados Unidos.[31]

Tal fato não passou despercebido ao olhar crítico de analistas em todo o mundo. Espectadores da surpreendente demonstração do poderio bélico norte-americano convenceram-se de que os Estados Unidos haviam se tornado virtualmente imbatíveis em um campo de batalha convencional. Nenhuma outra força armada do planeta poderia confrontar-lhes, aventurando-se em um embate campal direto, conduzido de acordo com os preceitos que, até então, haviam regido a guerra na Era Industrial.

Segundo uma corrente de pensamento ortodoxa, majoritária entre os profissionais da área de segurança e defesa, a campanha do Golfo de 1991 representou, sob muitos aspectos, o modelo ideal de emprego do instrumento militar. Paradoxalmente, ela também pôde ser descrita como o último conflito da "Idade do Aço". A esse respeito, Qiao Liang e Wang Xiangsui, oficiais da Força Aérea chinesa, afirmaram:

> [...] a guerra como nós a conhecíamos, descrita em termos gloriosos e dominantes, até a conclusão do recente conflito, marcando um ápice na história militar, deixou de ser considerada um dos mais importantes eventos no cenário mundial, e passou a ter a importância de um ator secundário.

[...] A questão é que as forças multinacionais lideradas pelos Estados Unidos, operando na região desértica do Kuwait, marcaram o fim de um período, inaugurando, assim, uma nova era.

[...] Tudo isso ainda é indeterminado. A única conclusão certa é a de que, a partir de agora, a guerra não será mais como sempre foi.

[...] A guerra, que se submeteu às mudanças da moderna tecnologia e do sistema de mercado, será desencadeada de formas ainda mais atípicas. Em outras palavras, enquanto presenciamos uma relativa redução na violência militar, estamos evidenciando, definitivamente, um aumento na violência política, econômica e tecnológica.[32]

O ADVENTO DAS GUERRAS PÓS-INDUSTRIAIS

Com a queda da União Soviética e o fim da Guerra Fria, os mais otimistas e alvissareiros viram a libertação do Kuwait como prelúdio de uma *nova ordem mundial*, na qual as relações entre os povos não mais seriam regidas pela força bruta, mas por valores democráticos e princípios universais de justiça. De acordo com o presidente George Bush, criara-se a chance para que toda a humanidade compartilhasse das "promessas e visões dos fundadores da América".[33] Ele acreditava que os esforços da comunidade internacional, capitaneados pelos Estados Unidos, garantiriam "paz, segurança, liberdade e o Estado de direito" para futuras gerações.[34]

Infelizmente, a "grande ideia"[35] advogada pelo presidente Bush fracassou logo em seu primeiro teste. A barbárie perene da África subsaariana se encarregou de desfazer a ambiciosa miragem de um império da lei globalizado, afiançado pelo poderio bélico norte-americano. O malogro da intervenção humanitária realizada na Somália, sob os auspícios da Organização das Nações

56 A GUERRA NA ERA DA INFORMAÇÃO

Unidas (ONU), expôs os limites de um projeto que se caracterizava tanto por sua ingenuidade quanto por sua arrogância – combinação potencialmente perigosa em se tratando de política externa, segundo o ex-secretário de Estado Henry Kissinger.[36]

No início dos anos 1990, a pobre Somália sofria o flagelo de uma longa guerra civil. A queda da ditadura de Mohamed Siad Barre, general que governara o país com mão de ferro nas duas décadas anteriores, levara a uma luta fratricida entre clãs rivais e, por conseguinte, a uma grave crise humanitária. Nas disputas internas pelo poder, os tiranetes locais converteram a fome da população em arma. O sectarismo impeliu a frágil nação para a anarquia e centenas de milhares de civis pereceram nas ruínas de um Estado falido.

Localizada na região conhecida como "Chifre da África", a Somália se projeta sobre o golfo de Aden, no oceano Índico – importante por seu acesso ao mar Vermelho e ao canal de Suez. Fora isso, o país não possuía nenhum grande atrativo que pudesse ser considerado alvo da cobiça das grandes potências (ao contrário do valioso petróleo do Kuwait). Dessa forma, um gesto de boa-fé da ONU se prestaria também para legitimar, aos olhos da opinião pública, o discurso daqueles que propalavam a autenticidade da nova ordem mundial.

Nesse contexto, o secretário geral da ONU, Boutros-Ghali, atribuiu ao almirante aposentado da Marinha dos Estados Unidos Jonathan Howe a tarefa de chefiar uma missão de paz na Somália. Seu trabalho, alimentar uma multidão de famintos, não parecia tão difícil. No final de 1992, tropas de diversos países, incluindo fuzileiros navais e soldados norte-americanos, desembarcaram na capital Mogadíscio com o propósito de pôr fim às hostilidades e atenuar o sofrimento da desafortunada população nativa. Porém, as tensões não diminuíram com a chegada de forças estrangeiras e o estado latente de guerra civil causou as primeiras vítimas entre os militares das Nações Unidas. No início de junho de 1993, a situação se deteriorou, depois que 24 soldados paquistaneses foram mortos em uma emboscada, cuja autoria foi atribuída a membros da Aliança Nacional da Somália – organização liderada pelo general Mohamed Farrah Aidid.

O episódio convenceu Jonathan Howe de que Aidid e seus seguidores haviam se tornado um sério obstáculo à paz. Valendo-se de sua influência, o almirante conseguiu persuadir o governo de Washington a capturá-lo. Em agosto, um pequeno contingente das tropas de elite do Comando de Operações Especiais dos Estados Unidos, cerca de 450 homens, foi enviado para empreender uma obstinada caçada ao general rebelde.

Na tarde do dia 3 de outubro de 1993, uma incursão para capturar partidários da Aliança Nacional da Somália se degenerou em renhido combate urbano. Dois helicópteros norte-americanos foram abatidos por fogos terrestres provenientes de armas portáteis, 18 soldados morreram e outros 73 ficaram feridos. Estimativas sugerem que o número de vítimas entre os somalis tenha sido superior a 500 mortos e 1.000 feridos. Enquanto a população bradava palavras de ordem contra a política de Washington, uma malta enfurecida arrastou os corpos despidos e mutilados de militares norte-americanos pelas ruas da paupérrima Mogadíscio. Quando essas imagens foram veiculadas por agências de notícia de todo o mundo, a opinião pública voltou sua atenção para a deplorável realidade somali, questionando o que os Estados Unidos estavam, de fato, fazendo lá. Sem hesitar, a administração do presidente William "Bill" Clinton determinou a retirada imediata das tropas.

Pouco tempo depois, a ONU também deixou o país, abandonando-o às suas próprias chagas. A missão de ajuda humanitária, sugestivamente denominada operação "Restaurar a Esperança", tornou-se um estrondoso fracasso diante das lutas intestinas promovidas pelos senhores da guerra locais e seus clãs irreconciliáveis.

58   A GUERRA NA ERA DA INFORMAÇÃO

Mohamed Farrah Aidid, um reles e atroz líder rebelde do Terceiro Mundo, contrariando todas as expectativas, provou, com sua astúcia, que as poderosas Forças Armadas dos Estados Unidos eram vulneráveis e poderiam ser derrotadas, mesmo que acumulassem ganhos táticos durante as batalhas de atrito. Sua vitória, ainda que tenha sido uma autêntica "vitória de Pirro", demonstrou como métodos heterodoxos e formas alternativas de luta armada podem se contrapor ao poder hegemônico, especialmente, em um ambiente complexo e caótico, como a Somália – uma sociedade tribal que subsiste em meio à falência do Estado.

Mas quais foram os fundamentos da vitória de Aidid?

Inicialmente, o general percebeu que poderia explorar as ambiguidades e contradições inerentes à natureza humanitária da missão, visando a transformar um pequeno revés tático das tropas norte-americanas desdobradas na Somália em um grande fiasco político da Casa Branca. O cenário era difuso. Estadistas, generais e, sobretudo, a opinião pública não viam com clareza o contexto que requeria o uso da força. Afinal, tratava-se de uma operação de paz destinada, tão somente, a salvar a vida de milhares de flagelados que clamavam por socorro. Sob quais circunstâncias o emprego do instrumento militar seria legítimo? Até que ponto a aplicação do poderio bélico seria admissível? Essas perguntas se tornaram objetos de controvérsia.

Aidid também identificou o quão frágil era a determinação política de Washington para levar a bom termo sua meta humanitária, em face de uma volúvel opinião pública doméstica e do ceticismo da comunidade internacional. O líder rebelde reconheceu que poderia cobrar dos Estados Unidos um preço mais alto do que os norte-americanos realmente estavam dispostos a pagar com seu "arrogante altruísmo".

Assim como na longa Guerra do Vietnã, as imagens televisivas também desempenharam um papel primordial no desfecho do curto episódio da Somália. O que o mundo pôde assistir na primeira semana de outubro de 1993 contrastava fortemente com a cobertura midiática da Guerra do Golfo em 1991 e suas sofisticadas imagens digitalizadas, geradas a partir de equipamentos de visão noturna. A ideia da "guerra *hi-tec*" foi substituída pelo conflito tribal, bárbaro e primitivo. Aidid conseguiu agregar valor psicológico às suas ações de combate, explorando, sem compaixão, o apelo dramático embutido em cenas brutais e degradantes de cadáveres de soldados norte-americanos sendo aviltados pelos mesmos civis que Washington acreditava estar salvando.

Por fim, Mohamed Farrah Aidid demonstrou, a seu modo, ter conhecimento de que a violência autóctone obedece a uma dinâmica sociológica própria. O uso da força exógena, por si só, não é suficiente para proporcionar uma solução definitiva a um conflito persistente. De acordo com o jornalista Mark Bowden:

> Com o sucesso contra Saddam Hussein e o colapso da União Soviética, havia inúmeros políticos, diplomatas e jornalistas com grandes esperanças de um novo milênio de mercados capitalistas livres em todo o mundo. A ameaça de força inigualável dos Estados Unidos endireitaria os erros do mundo, alimentaria os famintos, democratizaria o planeta.

> [Em 1993, o malogro da missão de paz na Somália] encerrou o curto período estimulante de inocência pós-Guerra Fria, uma época em que os Estados Unidos e seus aliados achavam que podiam varrer do planeta ditadores corruptos e violência tribal com a mesma facilidade e relativa ausência de derramamento de sangue com que Saddam Hussein fora varrido do Kuwait.[37]

Não tardou para que as principais lições extraídas da malfadada intervenção humanitária na Somália fossem ratificadas com maior intensidade e dramaticidade. Apenas seis meses após os combates ocorridos em Mogadíscio, teve início o genocídio em Ruanda. Ao longo de aproximadamente 100 dias, cerca de 800 mil pessoas foram perseguidas e massacradas. O alvo dos ataques foi,

60 A GUERRA NA ERA DA INFORMAÇÃO

preponderantemente, a minoria étnica tutsi. Mais uma vez, forças de segurança da ONU, da Bélgica e, posteriormente, da França se prostraram impotentes diante dos assassinatos em massa, mutilações, desaparecimentos forçados, estupros coletivos e tortura de civis inocentes. Nada pôde parar o banho de sangue até que já não houvesse mais vítimas para alimentá-lo.

Entrementes, na Europa, a série de intensos conflitos gerada a partir da decomposição da antiga Iugoslávia também se notabilizou por sua extrema violência. Limpezas étnicas e crimes contra a humanidade marcaram uma década de lutas nos Bálcãs. Estima-se que, entre 1991 e 2001, cerca de 140 mil pessoas tenham perdido suas vidas, a despeito dos esforços dos Estados Unidos e dos demais países da Organização do Tratado do Atlântico Norte para conter a escalada da violência sectária. Dentre as vítimas, mais de 2 milhões de refugiados. O general Wesley Clark, que exerceu o comando supremo das forças aliadas da Organização do Tratado do Atlântico Norte (Otan) durante a Guerra do Kosovo em 1999, se referiu ao conflito como:

> [Uma confrontação] sem um claro consenso internacional quanto ao uso da força; sem uma causa definida; com um apoio ambivalente do público; sem um longo desdobramento e aumento de tropas; com um ambiente incrivelmente complexo no teatro de operações; e com difíceis condições climáticas, demográficas e geográficas no campo de batalha.[38]

Os russos também amargaram doloroso revés na região do Cáucaso, tentando suprimir o movimento emancipacionista checheno na década de 1990. Duas campanhas cruentas, marcadas por pesados bombardeios e renhidos combates urbanos, resultaram em dezenas de milhares de mortos, além da completa devastação da cidade de Grozny.

Com uma população constituída, majoritariamente, por muçulmanos sunitas, a Chechênia se tornou uma "bandeira" para o *jihadismo* internacional. Dessa forma, nacionalismo e extremismo religioso catalisaram o reprimido desejo por autonomia de um povo que luta contra o expansionismo russo desde o século XVIII. Nas ruínas e escombros da capital Grozny, o outrora poderoso Exército Vermelho viveu um pesadelo tão traumático quanto a resistência *mujahidin* no Afeganistão, entre os anos de 1979 e 1989.

Após a segunda e bem-sucedida ofensiva do Kremlin, realizada entre agosto de 1999 e maio de 2000, Moscou conseguiu restaurar seu controle sobre a república insurreta, redefinindo a natureza do conflito. Os combates abertos deram lugar à insurgência e ao terrorismo – incluindo os trágicos atentados no teatro Dubrovka, em Moscou, e na escola de Beslan, na república da Ossétia do Norte.

O genocídio em Ruanda, a conflagração da ex-Iugoslávia e a guerra na Chechênia obtiveram notoriedade por sua magnitude. Mas não foram eventos singulares. Noventa e seis por cento dos conflitos ocorridos na década de 1990 não obedeceram ao tradicional modelo de guerra entre Estados, consagrado como paradigma na Era Industrial. Na verdade, uma torrente de distúrbios intraestatais de base étnica e religiosa, extremamente complexos, monopolizou a agenda internacional, acentuando uma tendência já observada durante o período da Guerra Fria, qual seja: a quebra do pretenso monopólio estatal sobre o uso da força.

Dentro desse contexto, a proliferação do terrorismo adquiriu importância estratégica. Os atentados se tornaram bem mais letais e indiscriminados, vitimando um número maior de pessoas inocentes. O advento das "operações de martírio" (um eufemismo para ataques suicidas) tornou ainda mais difícil seu enfrentamento. A ausência de reivindicações objetivas plausíveis, que ensejassem negociações imediatas, tornou obsoleto o uso das alternativas táticas, empregadas com êxito nos anos 1970 e 1980. O recurso à violência como método de propaganda teve suas perspectivas ampliadas, pois alcançou audiência em escala mundial, em virtude da onipresença da mídia, cobertura instantânea pelas agências de notícias e farta disponibilidade de ferramentas da informação. Afinal, com a "tecnologia de bolso", qualquer pessoa leva consigo uma câmera digital, capta imagens a qualquer momento do dia e as difunde para qualquer lugar do planeta. Isso fez com que a propaganda armada se tornasse, efetivamente, uma opção estratégica viável no nível global.

Dessa forma, foi-se preparando o caminho para um evento extraordinário, que surpreenderia o mundo e se tornaria um marco importante na história da humanidade.

Na manhã do dia 11 de setembro de 2001, duas aeronaves comerciais, sendo um Boeing 767 da American Airlines e um Boeing 757 da United Airlines, que realizavam voos domésticos, foram sequestradas por militantes da organização terrorista Al-Qaeda e utilizadas como "mísseis" em um bombardeio suicida às torres gêmeas do World Trade Center, em Nova York. As duas colisões provocaram o desabamento de ambos os edifícios, matando 2.838 pessoas. Simultaneamente, em Washington, outro avião, um Boeing 737 da American Airlines, atingiu o Pentágono, o prédio do Departamento de Defesa norte-americano, resultando em 189 vítimas fatais. Nos céus da Pensilvânia, uma quarta aeronave foi sequestrada, outro Boeing 757 da United Airlines, mas caiu sem atingir seu alvo, matando todas as 44 pessoas que estavam a bordo. A natureza emblemática dos alvos, a hora do dia, a perfeita coordenação e a sincronização dos ataques asseguraram que as imagens dos atentados fossem geradas espontaneamente de diversos ângulos, transmitidas em tempo real e repetidas, incessantemente, para milhões de espectadores em todo o planeta.[39]

Uma breve análise retrospectiva sugere que não existiam razões que justificassem a ocorrência, em larga escala, de guerras de guerrilhas, insurgências e campanhas terroristas no final do século XX, uma vez que o processo de descolonização da Ásia e da África estava concluído; o comunismo soviético, como polo exportador de revoluções marxistas, havia chegado ao seu fim; e a consolidação da hegemonia militar do Ocidente parecia inevitável. Entretanto, a década compreendida entre a libertação do Kuwait, em 1991, e o ataque às torres gêmeas do World Trade Center, em 2001, contrariou esse prognóstico, caracterizando-se, sobretudo, pela frenética atuação de atores armados não estatais. As campanhas militares desencadeadas pela Casa Branca, na Ásia Central e no Oriente Médio, em resposta aos atentados de 11 de Setembro, se prestaram apenas para corroborar o enorme protagonismo desempenhado por grupos rebeldes e organizações terroristas. Quinze anos depois de os Estados Unidos enviarem suas primeiras tropas para lutar no Afeganistão, a humanidade, ainda, estava imersa em um incontável número de conflitos irregulares ao redor do globo.

Os tradicionais pressupostos que davam sustentação teórica à guerra na Era Industrial passaram a ser questionados em sua essência. Uma profusão de termos e proposições doutrinárias veio à tona para tentar desvendar o caos e oferecer um enquadramento lógico àquilo que parecia não obedecer a lógica alguma: "novas e novíssimas guerras", "guerra pós-moderna", "guerra pós-heroica", "guerra irrestrita", "guerra no meio do povo", "guerra de terceira onda", "guerra de quarta geração", "guerra de três quadras", "conflito assimétrico", "guerra híbrida" etc. Enfim, muitas iniciativas intelectuais tentaram oferecer, sob um enfoque epistemológico, uma alternativa razoável e abrangente ao modelo de beligerância consagrado pelas sociedades industriais.

Diante do acirrado debate, os soldados profissionais têm assumido, basicamente, duas posturas.

Os mais céticos, munidos do pensamento conservador, refutam cabalmente a ideia de que seja necessária uma "releitura" dos conflitos armados. Afinal, "pequenas guerras" e atores armados não estatais, como, por exemplo, bandoleiros, salteadores, guerrilheiros, insurretos e terroristas, sempre fizeram parte da história da humanidade.

Outros se limitam apenas a reduzir possíveis inovações conceituais a mero recurso semântico, tornando lugar-comum termos e expressões que lhes enriquecem o vocabulário, tão somente com o intuito de dar uma conotação futurista às suas preleções doutrinárias. Entretanto, no âmago de sua racionalidade, persiste o apego incondicional a preceitos da "Idade do Aço" e à lógica cartesiana e mecanicista que lhes é própria. Afinal, como observou o historiador Robert Baumann: "as pessoas se mostram mais receptivas às novas evidências que se ajustam a pontos de vista já aceitos do que às evidências que os contradizem".[40]

Em ambos os casos, é possível constatar a existência de dogmas profundamente arraigados no pensamento da caserna. Na verdade, os soldados, de um modo geral, conservam um entendimento acerca do uso da força essencialmente calcado em valores, regras e princípios inerentes à dinâmica das sociedades industriais.

Mas toda essa base conceitual, realmente, se tornou obsoleta como alguns teóricos sugerem? O que, de fato, mudou na conduta e na natureza da guerra no século XXI?

NADA MUDOU

Rotular as guerras ocorridas nos anos 1990 e os conflitos característicos das primeiras décadas do século XXI como "novas" ameaças e "novos" desafios, de certa forma, não passa de mero exercício de tautologia. Nada, até o presente momento, pode ser considerado verdadeiramente novo na conduta da guerra. Em um artigo publicado em 2014, o coronel Marcelo Serrano, instrutor da Escola de Comando e Estado-maior do Exército brasileiro, se referiu à "fábrica de conceitos" que, após o término da Guerra Fria, gerou um grande número de proposições doutrinárias. O militar também fez menção ao "ilusionismo conceitual" capaz de dar novas aparências a velhas formas de conflito:

> Para Colin Gray, "não há nada de fundamental importância que seja genuinamente novo a respeito da guerra e da estratégia no século XXI". O general [Richard] Dannatt concorda: "não há um tipo novo de guerra, nós estamos num continuum, estamos neste *continuum* há muitas gerações".[41]

Em 1997, Robert Baumann observou que: "se considerarmos o mundo de hoje em dia, veremos que nada sucede sem precedentes. Conflitos nacionalistas, religiosos e étnicos realmente não são fenômenos característicos do final do século XX".[42] De acordo com o tenente-coronel Clay Mountcastle, do Exército dos Estados Unidos:

> O problema em enxergar os atuais assuntos militares como algo inédito e, de algum modo, mais complexo que os anteriores está na tendência a ignorar ou desconsiderar o passado. Pensar que as questões de hoje só possam ser resolvidas com novas ideias, novas soluções e novos sistemas não só é errado, como também contraproducente.[43]

O terrorismo, por exemplo, possui antecedentes históricos que remontam aos tempos bíblicos, passando pela seita ismaelita dos Assassinos, na Idade Média, e pelo terror jacobino da Revolução Francesa de 1779, até chegar à segunda metade do século XIX, como uma importante tática subversiva. Michael Phillips lembra que:

> Durante os aproximadamente trinta anos anteriores à Primeira Guerra Mundial, uma onda inédita de violência terrorista se espalhou por toda a Europa. Anarquistas assassinaram não menos que oito chefes de Estado e cometeram atentados contra muitos outros. A invenção da dinamite por Alfred Nobel, em 1862, "democratizou os meios da violência", e os chama-

66   A GUERRA NA ERA DA INFORMAÇÃO

dos dinamiteiros bombardearam teatros, restaurantes e insti-tuições públicas aparentemente à vontade. Entre 1892 e 1894, onze bombas explodiram em Paris e, em 1893, cerca de vinte pessoas morreram quando uma bomba explodiu em um teatro na cidade de Barcelona.[44]

Não surpreende, portanto, que um atentado terrorista tenha sido o estopim que deflagrou a Primeira Grande Guerra, em 1914. O assassinato do príncipe herdeiro do trono do Império Austro-Húngaro, arquiduque Francisco Ferdinando, por um jovem nacio-nalista sérvio, Gavrilo Príncipe, militante da organização secreta Mão Negra, foi o pretexto que desencadeou uma rápida sucessão de eventos políticos e militares, culminando com a conflagração de toda a Europa em uma escala de violência jamais imaginada.[45]

Nas décadas de 1930 e 1940, durante o mandado britânico na Palestina, as organizações sionistas de extrema-direita Irgun e Lehi foram responsáveis por ataques terroristas que contribuíram para inviabilizar a administração local – embora tais atentados tenham se tornado objeto da condenação do próprio movimento nacionalista judaico.

Durante as conturbadas décadas de 1960 e 1970, foi intensa a atividade terrorista internacional com o desenvolvimento de redes de cooperação entre diversas organizações militantes, dentre as quais se destacaram a Frente Popular para a Libertação da Pales-tina (FPLP), a Organização para a Libertação da Palestina (OLP), o Exército Republicano Irlandês (IRA), o Exército Vermelho japonês e a Fração do Exército Vermelho alemã (RAF), mais conhecida pelo nome de seus líderes Baader-Meinhof.

Guerrilha urbana também não pode ser considerada uma "inovação" do século XXI. Tomemos como exemplo a proficiente campanha do IRA conduzida por Michael Collins entre os anos de 1919 e 1922; o levante do Exército da Pátria polonês contra a ocupação alemã, em Varsóvia, no ano de 1944; a Batalha de Argel travada, em 1957, entre paraquedistas do exército francês e partidários da Frente de Libertação Nacional; ou a malfadada trajetória da Ação Libertadora Nacional (ALN), do revolucionário marxista Carlos Marighella, no final dos anos 1960.

Revoltas e sublevações populares permeiam toda a história da humanidade, desde o surgimento dos grandes impérios na Idade Antiga até as modernas insurgências do século XXI. Clausewitz tratou do "povo em armas" em sua obra *Da guerra*.[46] O ilustre oficial prussiano discorreu sobre breves considerações teóricas, perfeitamente aplicáveis aos guerrilheiros árabes que buscaram se emancipar do domínio turco, em 1916; aos *partisans* que se homiziaram nos pântanos do Pripet para fustigar a retaguarda da Wehrmacht (as Forças Armadas alemãs), no *front* russo, durante a Segunda Guerra Mundial; à desesperada resistência da Organização Combatente Judaica no gueto de Varsóvia em 1943; e às campanhas guerrilheiras de Mao Tsé-tung, Ho Chi Minh e Fidel Castro, durante o período da Guerra Fria.

Diante de tantos exemplos, os conceitos de "guerra assimétrica", "guerra de quarta geração" e "guerra no meio do povo" podem ser interpretados, simplesmente, como guerra irregular.

Tampouco a combinação de métodos ortodoxos de beligerância e formas alternativas de luta armada, essência do conceito de "guerra híbrida", pode ser admitida como algo genuinamente novo. A hábil interação do combate regular e irregular conta também com inúmeros antecedentes históricos. Durante a Guerra Peninsular, a Inglaterra enviou seus soldados sob o comando do Duque de Wellington para lutarem ao lado de guerrilheiros espanhóis contra o exército de Napoleão Bonaparte. Os mesmos ingleses patrocinaram a Revolta Árabe, em 1916, a fim de complementar, ampliar e apoiar a campanha militar convencional contra o Império Turco-Otomano, na Palestina e na Síria. Durante a Segunda Guerra Mundial, a Wehrmacht experimentou, no *front* oriental, frenética atividade guerrilheira em sua retaguarda, enquanto travava, em larga escala, batalhas cruentas contra o po-

68   A GUERRA NA ERA DA INFORMAÇÃO

deroso Exército Vermelho. Nas selvas do sudeste asiático, os Estados Unidos combateram simultaneamente a guerrilha vietcongue e o exército norte-vietnamita, oficialmente denominado Exército Popular do Vietnã.

Segundo o coronel Marcelo Serrano, "deve-se encarar com cautela a tendência de ver nos conflitos armados da atualidade o surgimento de uma nova natureza da guerra, em vez de reconhecê-los simplesmente como manifestação subjetiva de sua natureza".[47] As ideias que Wang Xiangsui e Qiao Liang advogam no livro *Guerra irrestrita*, por exemplo, em nada divergem da milenar tradição oriental. Após analisarem a campanha do Golfo de 1991 e a impressionante demonstração do poderio bélico norte-americano, ambos os oficiais da força aérea chinesa propuseram um modelo de confrontação que extrapolasse os estreitos limites do campo militar e se apoiasse em uma estratégia mais eclética. Em seu cerne, nada muito diferente dos preceitos contidos nos 13 capítulos de *A arte da guerra*, de Sun Tzu.

Na década de 1940, o cientista político Sigmund Newman, analisando a estratégia revolucionária marxista, já havia destacado que:

> [...] a guerra moderna é de natureza quádrupla – diplomática, econômica, psicológica e, apenas como último recurso, militar. Uma campanha militar pode ser perdida antes que o primeiro tiro seja disparado. De fato, pode ser de antemão decidida nas frentes preliminares da guerra econômica e psicológica. Um conflito pode ser travado com meios diferentes em terrenos diferentes.[48]

A presença de companhias militares privadas também carece de originalidade. Bandos de mercenários, como os *landsknecht* alemães ou os *condottieri* italianos, sempre foram um fenômeno recorrente ao longo da história. Os ingleses se valeram de "soldados de aluguel", os *hessians*, para lutarem a contrainsurgência nas Treze Colônias, bem antes de os Estados Unidos aquiescerem com a participação de mercenários da empresa de segurança Blackwater Worldwide na Guerra do Iraque.[49]

Outras questões, não necessariamente militares, mas que, hoje, já foram incorporadas à agenda internacional e que, de algum modo, requerem a contribuição das forças armadas, igualmente, não constituem problemas inéditos. Na década de 1920, por exemplo, a extinta Liga das Nações atuou contra a proliferação de endemias e o tráfico de pessoas. Convém destacar que a gripe espanhola, surgida após a Primeira Guerra Mundial, causou mais que o dobro do número de mortes ocorridas nos campos de batalha entre 1914 e 1918.[50]

Crises financeiras recorrentes, que geram "pânico" e instabilidade nos mercados internacionais, também não são prerrogativas de uma economia globalizada. Nos anos de 1836, 1839, 1847, 1857, 1866, 1873 e 1929, o mundo sofreu as vicissitudes de condições econômicas adversas.

O impacto da moderna tecnologia também suscita extenso debate acerca de suas inegáveis implicações sobre o campo da tática e da estratégia. Entretanto, como afirmou Robert Baumann: "problemas inerentes ao relacionamento entre transformações tecnológicas futuristas e conceitos doutrinários são bastante similares atualmente àqueles de há um século atrás".[51] Tomando, uma vez mais, a Primeira Grande Guerra como exemplo:

> A guerra deu origem ao poder aéreo, aos blindados, às armas químicas e à primazia da metralhadora e dos fogos indiretos de artilharia. Os países que estavam acostumados a conduzir guerras estritamente em terra logo se viram combatendo no ar e sob a superfície do oceano. É difícil saber se os militares que combateram na Primeira Guerra Mundial atinaram que essas novas ferramentas de guerra conservariam seu papel central no campo de batalha mais de um século depois – ou como se sentiram, caso o tenham compreendido. Desde então, não houve transformação em armas tão radical e abrangente, e muito menos tão rápida.

70   A GUERRA NA ERA DA INFORMAÇÃO

Portanto, quando a atual narrativa discute os desafios da complexidade junto com a necessidade de se manter em dia com as novas tecnologias no campo de batalha moderno "em constante evolução", é esclarecedor lembrar que esses desafios não são algo novo.[52]

O advento das armas nucleares, ao término da Segunda Guerra Mundial, foi igualmente significativo. Seu alcance e poder de destruição geraram um impasse estratégico de difícil solução, com enormes desdobramentos no campo político. Novamente, estadistas e soldados se viram obrigados a reavaliar a conduta da guerra em decorrência de inovações científico-tecnológicas.

Portanto, uma análise retrospectiva amparada no estudo da história militar permite assegurar, com certa exatidão, que a natureza da guerra mantém-se intocada. Nada mudou em sua essência. Até o presente momento, nenhum elemento característico dos conflitos do século XXI pode ser considerado, genuinamente, novo ou se reveste de completo ineditismo. De acordo com o tenente-coronel Antônio José Oliveira, do Exército de Portugal, "as alterações visíveis parecem, assim, apenas uma nova combinação dos 'ingredientes' já conhecidos e teorizados e salvaguardando as distâncias históricas, os novos paradigmas da guerra não deixam de evocar numerosos paralelos com o passado".[53]

Parece emblemático e talvez não seja um exagero afirmar que, sob muitos aspectos, a sociedade tribal que o general norte-americano Stanley McChrystal conheceu em 2010, na luta contra o talibã, ainda possa ser considerada incrivelmente parecida com o "Afeganistão" que Alexandre, o Grande, invadiu em 330 a.C.

TUDO MUDOU!

O mundo sempre foi um lugar complexo. A questão fundamental é como decidimos enxergá-lo e como procuramos entendê-lo.

Adotamos modelos interpretativos que se consolidam como paradigmas, em virtude de sua utilidade, adequabilidade e conveniência. Assim sendo, podemos contar com um conjunto de "verdades" e ideias pré-estabelecidas, que se inter-relacionam de forma lógica, para determinar com precisão o contexto e o sentido das circunstâncias que nos envolvem. Não raro, os dogmas que fundamentam nossos processos cognitivos restringem o escopo de nossas avaliações e nos induzem à ortodoxia, com interpretações ancoradas em pressupostos rígidos e a adoção de heurísticas e vieses. Ou seja, frequentemente, nos valemos de soluções pré-definidas que ignoram parte relevante das variáveis de um problema específico. Não surpreende, portanto, que doutrinas reducionistas jamais tenham faltado à humanidade.

A despeito de toda riqueza e diversidade dos exemplos que o estudo meticuloso da história militar pode oferecer, os soldados profissionais consagraram, com injustificada obsessão, uma escola de pensamento alicerçada, basicamente, em três pressupostos, a saber:

- **O legado clássico da hegemonia militar:** em virtude de sua notável proficiência, a falange grega conquistou uma supremacia que auferiu ao instrumento militar a capacidade de, ao ser requerido, alcançar, por si só, os objetivos da *polis.*

- **O ideal vestfaliano de uma ordem internacional centrada na soberania do Estado-nação:** a forma como o tema "defesa" é entendido no Ocidente encontra-se intimamente associada, em seus pressupostos básicos, à concepção vestfaliana de Estado-nação e ao modelo de ordem internacional gerada a partir dos tratados de Münster e Osnabrück, firmados após a Guerra dos Trinta Anos (1618-1648). Portanto, desde a segunda metade do século XVII, o objetivo precípuo das forças armadas tem sido a preservação do Estado, bem como a consecução de suas metas políticas, ante as *ameaças provenientes de outros Estados nacionais*.

- **O surgimento dos grandes exércitos de conscrição em massa, armados e equipados com a tecnologia advinda da Revolução Industrial:** como vimos anteriormente, as revoluções Francesa e Industrial consagraram o estereótipo da "guerra industrial" como verdadeiro paradigma, tanto para a formulação de políticas de defesa quanto para a destinação das forças armadas. É inegável que, de um modo geral, o senso comum conserva um entendimento da guerra limitado essencialmente ao conflito interestatal, protagonizado por exércitos nacionais permanentes e orientado para a consecução de objetivos políticos na estrita acepção de Clausewitz. É para esse tipo de guerra que as forças armadas, em todo o planeta, têm se organizado, treinado e desenvolvido suas capacidades.

A convergência dessas três ideias induziu estadistas e, sobretudo, soldados a uma interpretação equivocada acerca da natureza dos conflitos armados e, por conseguinte, a uma grave distorção no entendimento da conduta da guerra.

Os efeitos deletérios dessa "simbiose de padrões" manifestaram-se, primeiramente, na dissociação entre os meios militares e não militares, que deveriam se manter intimamente interdependentes e complementares ao longo de todo o processo de consecução dos objetivos políticos definidos pelo Estado. Apesar da frequente alusão a Clausewitz e da mais ampla aceitação do axioma que subordina a guerra à política, a indevida segregação entre meios militares e não militares levou a um profundo empobrecimento da estratégia e explica, em boa parte, o malogro do uso da força nos últimos 100 anos. Explica também por que tem sido tão comum aos decisores nacionais permitir que os meios (militares) monopolizem, indevidamente, os fins (políticos).

Nos níveis estratégico e operacional, a conflagração armada tem representado uma enorme retração do papel atribuído aos meios não militares e um protagonismo exacerbado das forças armadas no teatro de operações. Frequentemente, campanhas militares são complementadas por pressões políticas e embargos econômicos. Todavia, essas ações não desconfiguram a clara primazia das opções de franco embate e choque de forças. É como se prevalecesse o consenso de que, a partir de um determinado ponto nas relações conflituosas entre partes antagônicas, os políticos e diplomatas devessem retroceder para que os generais assumissem o controle daquele momento em diante – é quando "saem as pombas e entram os falcões".

No nível tático, ou seja, no campo de batalha, a dissociação entre meios militares e não militares tem sido, tradicionalmente, ainda mais profunda, com o uso quase exclusivo de alternativas cinéticas. Isto é, a aplicação do poderio bélico convencional em sua plenitude tem excluído peremptoriamente qualquer possível contribuição não cinética advinda de meios não militares.

Outro aspecto decorrente desse errôneo constructo teórico-doutrinário diz respeito à pequena importância atribuída às ameaças oriundas de atores armados não estatais. De acordo com a ortodoxia do pensamento castrense conservador, tudo aquilo que foge à estrita confrontação entre dois exércitos regulares de Estados nacionais beligerantes tem sido considerado um desvio temporário, indesejado e contraproducente da legítima atribuição dos soldados, qual seja: travar a *guerra de atrito interestatal*. Quando o conflito carece de motivação política ou não possui conotação ideológica, como acontece, por exemplo, com as facções criminosas e os cartéis de droga latino-americanos, torna-se ainda mais difícil encontrar uma base conceitual relativa ao emprego das forças armadas que satisfaça as exigências dos militares mais dogmáticos.

74   A GUERRA NA ERA DA INFORMAÇÃO

Por fim, a fé inabalável no poder irrestrito dos canhões tem gerado expectativas exageradas acerca dos reais dividendos decorrentes da aplicação do poderio bélico convencional. Muitos Estados, que apostaram alto na capacidade destrutiva de seus exércitos, constataram que a vitória militar, alcançada a um custo, quase sempre, excessivo, deixou como legado uma paz frágil, imperfeita e desvantajosa.

A despeito do caráter imutável da natureza da guerra e da atemporalidade da essência da verdadeira estratégia, uma visão simplista e distorcida acerca do uso da força impeliu a humanidade para uma desastrosa e ininterrupta sucessão de violência ao longo dos últimos 100 anos. O teor dos manuais de campanha; o currículo das escolas militares; o contexto dos exercícios, manobras militares e simulações de combate; a estratégia dos generais; e, em especial, a conduta dos soldados nos campos de batalha evidenciam o enorme apego que as forças armadas, em todo o mundo, ainda nutrem em relação àquelas que são consideradas as tradicionais formas de beligerância.

Entretanto, a "revolução da informação" tornou antiquada e ineficaz a compreensão da guerra segundo a dinâmica das sociedades industriais. O fortalecimento da opinião pública, a onipresença dos órgãos de imprensa, a redução do controle estatal sobre as agências de notícias, o acesso irrestrito aos meios de comunicação de massa, a disseminação da informação digital em escala planetária, a globalização da informação e o alcance ilimitado das mídias sociais levaram a um achatamento dos níveis decisórios. Aquilo que até então fora claramente compartimentado, sobrepõem-se, agora, no tempo e no espaço. Considerações políticas, estratégicas e táticas permeiam toda a cadeia de comando até os menores escalões, tornando-se componentes intrínsecos e indissociáveis no campo de batalha do século XXI. Dessa forma, tanto a usual segregação de meios militares e não militares quanto a obsessão pela "vitória a qualquer custo" deixaram de ser uma opção razoável.

Concomitantemente, a fragmentação do poder, em todos os campos da atividade humana, tem alçado muitos atores armados não estatais a um papel de destaque. Com isso, a guerra irregular, que sempre fora estigmatizada pelos "grandes exércitos de aço", adquiriu nova importância. Em dezembro de 2008, o Departamento de Defesa dos Estados Unidos finalmente admitiu que a guerra irregular é estrategicamente tão importante quanto as tradicionais formas de beligerância.[54]

Embora não deva ser jamais desconsiderada, a concepção de defesa alicerçada primordialmente no confronto ostensivo entre Estados nacionais tem sido insuficiente para corresponder às múltiplas expectativas da sociedade. Em um artigo intitulado "Crises e conflitos no século XXI: a evolução das forças de operações especiais", o general Álvaro de Souza Pinheiro, do Exército brasileiro, assegura:

> O crime organizado, a migração e o extremismo violento estão em alta e tornar-se-ão os mais importantes fatores de desestabilização. Os Estados nacionais constituídos dominam a construção política, porém, os atores não estatais competirão cada vez mais vigorosamente com os Estados nacionais pela influência sobre as populações. A soberania permanecerá um conceito válido para a integridade territorial, porém, a soberania econômica, a soberania da informação e a soberania cultural ficarão cada vez mais difíceis de proteger. Tudo isso será ainda mais complexo em função das mudanças climáticas, crescimento da população global, emergência de tecnologias imprevisíveis, crises econômicas periódicas e, principalmente, da ameaça cada vez mais presente de Estados falidos.
>
> A probabilidade de conflitos de maior intensidade entre Estados nacionais desenvolvidos está decrescendo sensivelmente. Mesmo que se aceite a possibilidade realística da eclosão de confrontações armadas entre atores estatais, o mais provável é que empreguem métodos assimétricos de guerra.[55]

A GUERRA NA ERA DA INFORMAÇÃO

De fato, as sociedades na Era da Informação têm apresentado demandas por segurança que, apesar de não serem inéditas em sua essência, são requeridas em um novo contexto. Nem tanto pela dimensão dos danos experimentados, mas sobretudo pela conectividade e interdependência dos mais variados fatores. Crimes transfronteiriços, terrorismo doméstico e internacional, fluxos migratórios, pressão demográfica, urbanização incontida, fortalecimento de identidades étnicas e culturais, globalização, escassez de recursos e questões ambientais são apenas alguns dos componentes desse intricado mosaico. De acordo com André Luís Woloszyn:

> As diversas formas de violência vêm se desenvolvendo em razão, sobretudo, da interconectividade global e da facilidade de acesso a redes informais de comércio ilegal (drogas ilegais, armas, explosivos e tecnologia), recriando um ambiente de guerrilha urbana mais sofisticado do que aquela praticada nas décadas de 1960 e 1970.
>
> [...] A atual conjuntura, que tem levado a comunidade internacional para um estado de insegurança permanente, deve-se a um conjunto de fatores que foram relegados há décadas e que acabaram permitindo o surgimento de novos atores não estatais [...]. Auxiliados pelo processo de globalização e pelo desenvolvimento de novas tecnologias digitais, acabaram tendo amplas oportunidades e se fortaleceram por meio de redes informais, passando, em alguns casos, a disputar poder com o Estado.[56]

Desde a pré-história, o gênio humano tem impelido o mundo a mudanças. Entretanto, as transformações decorrentes da Revolução Industrial destacaram-se por sua profundidade, celeridade e amplitude. O mundo mudou muito e mudou rápido demais, impondo uma significativa alteração no conjunto de costumes, crenças, valores e ideias sobre o qual as sociedades agrícolas mantiveram-se alicerçadas por milhares de anos. É possível que tais transformações tenham sido maiores, mais impactantes e mais traumáticas do que aquelas que hoje são impostas à sociedade industrial em face do advento da moderna tecnologia da informação e do seu ingresso no espaço cibernético. Todavia, o ritmo das mudanças, ora em curso, tem se tornado cada vez mais intenso. Segundo o escritor venezuelano Moisés Naím:

> Quase todas as tecnologias que vemos em museus (a máquina a vapor) ou que consideramos corriqueiras (como o rádio) representaram em sua época uma ruptura. Mas a revolução tecnológica dos nossos dias tem uma dimensão sem precedentes, e afeta com uma velocidade espantosa quase todas as atividades humanas.[57]

"Nosso maior perigo não é o ambiente mundial em mutação, mas a nossa relação com ele".[58] A história nos mostra que cometemos erros ao interpretar as transformações que incidem sobre os fundamentos da sociedade e, por conseguinte, o quanto demoramos a nos adaptar a elas. Em meio a tudo isso, faz-se necessário reconhecer que a concepção simplista e reducionista dos conflitos armados, que prevaleceu na mente dos soldados profissionais durante a "Idade do Aço", tornou-se incompatível com um mundo pós-industrial.

NOTAS

[1] Chris Hedges, "What Every Person Should Know about War", 2003, disponível em: <http://www.nytimes.com/2003/07/06/books/chapters/what-every-person-should-know-about-war.html>, acesso em: 13 fev. 2016.
[2] Geoffrey Blainey, *Uma breve história da guerra*, São Paulo, Fundamento, 2014, pp. 13-4.
[3] Idem, ibidem, pp. 13 e 234.
[4] J. F. C. Fuller, *A conduta da guerra de 1789 aos nossos dias*, Rio de Janeiro, Bibliex, 1966, p. 100.
[5] Henry Kissinger, *Diplomacia*, São Paulo, Saraiva, 2012, p. 61.
[6] John Keegan, *Atlas of the Second World War – The Times*, London, Times Books, 1994, p. 205.
[7] J. F. C. Fuller, op. cit., p. 294.
[8] Alessandro Visacro, *Guerra irregular: terrorismo, guerrilha e movimentos de resistência ao longo da História*, São Paulo, Contexto, 2009, p. 23.

78   A GUERRA NA ERA DA INFORMAÇÃO

9   Agência Brasil, "Bush anuncia fim da guerra no Iraque, mas não vitória", 2003, disponível em <http://memoria.ebc.com.br/agenciabrasil/noticia/2003-05-01>, acesso em: 10 mar. 2016.

10   Michael Weiss e Hassan Hassan, *Estado Islâmico: desvendando o exército do terror*, São Paulo, Seoman, 2015, p. 168.

11   J. F. C. Fuller, op. cit., p. 4.

12   Idem, ibidem, pp. 1-2.

13   Rogers Ashley Leonard, *Clausewitz: trechos de sua obra*, Rio de Janeiro, Bibliex, 1988, pp. 6-8.

14   Thomas Edward Lawrence, *Os sete pilares da sabedoria*, São Paulo, Círculo do Livro, s.d., p. 417.

15   Carl Von Clausewitz, *Da guerra*, São Paulo, Martins Fontes, 1979, pp. 87-9.

16   J. F. C. Fuller, op. cit., p. 66.

17   Basil Henry Liddell Hart, *O outro lado da colina*, Rio de Janeiro, Bibliex,1980, p. 29.

18   Mark McNeilly, *Sun Tzu e a arte da guerra moderna*, São Paulo, Record, 2003, p. 33.

19   Idem, pp 33-8.

20   Bevin Alexander, *A guerra do futuro*, Rio de Janeiro, Bibliex, 1999, p. 134.

21   Alessandro Visacro, *Lawrence da Arábia*, São Paulo, Bibliex, 2010, p. 128.

22   Rupert Smith, *A utilidade da força: a arte da guerra no mundo moderno*, Lisboa, Edições 70, 2008, p. 84.

23   Ian Kershaw, *De volta do inferno: Europa, 1914-1949*, São Paulo, Companhia das Letras, 2016, p. 19.

24   Alessandro Visacro, "Superando o caos: a função de combate comando e controle além da tecnologia da informação", em *Military Review*, jul.-ago. 2015, p. 79.

25   J. F. C. Fuller, op. cit., p. 98.

26   Frank N. Schubert e Theresa L. Kraus, *Tempestade do deserto: operações da Guerra do Golfo*, Rio de Janeiro, Bibliex, 1998, p. 67.

27   Idem, p. 94.

28   Idem, p. 99.

29   Idem, pp. 206-8.

30   Escola de Comando e Estado-Maior do Exército dos Estados Unidos, "Guerra do Golfo: operação Desert Shield/Desert Storm", em *Military Review*, Fort Leavenworth, edição brasileira, 3º trimestre 1992, pp. 22-3.

31   Frank N. Schubert e Theresa L. Kraus, op. cit., pp. 288-9.

32   Qiao Liang e Wang Xiangsui, *Unrestricted Warfare*, Beijing, People's Liberation Army Literature and Arts Publishing House, 1999.

33   George Bush, *George Bush anuncia a Nova Ordem Mundial*, disponível em < https://youtu. be/fmomf_d8_6I >, acesso em 7 set. 2016.

34   Idem, *George Bush pai fala sobre uma grande ideia, uma ideia sobre a Nova Ordem Mundial*, disponível em <https://youtu.be/a4Vkf6Y5KTs>, acesso em 7 set. 2016.

35   Idem.

36   Henry Kissinger, op. cit., p. 217.

37   Mark Bowden, *Falcão Negro em perigo*, São Paulo, Landscape, 2002, pp. 121 e 406.

38   Clay Mountcastle, "O mito da nova complexidade", em *Military Review*, maio-jul. 2016, p. 12.

39   Alessandro Visacro, *Guerra irregular: terrorismo, guerrilha e movimentos de resistência ao longo da História*, São Paulo, Contexto, 2009, pp. 29-30.

40   Robert F. Baumann, "Perspectivas históricas sobre a guerra do futuro", em *Military Review*, 3rd Quarter 1998, p. 16.

41   Marcelo Oliveira Lopes Serrano, "Guerra: no meio do povo ou simplesmente irregular?", em Coleção Meira Mattos, jan.-abr. 2014, p. 26.

42   Robert F. Baumann, op. cit., p. 16.

43   Clay Mountcastle, op. cit., p. 14.

44   P. Michael Phillips, "Desconstruindo o nosso futuro de idade das trevas", em *Military Review*, jul.-ago. 2010, pp. 41-2.

45   Ian Kershaw, op. cit., pp. 45-6.

46   Carl von Clausewitz, op. cit., p. 577-82.

[47] Marcelo Oliveira Lopes Serrano, op. cit., p. 19.
[48] J. F. C. Fuller, op. cit., p. 75.
[49] P. Michael Phillips, op. cit., pp. 40-1.
[50] Ian Kershaw, op. cit., pp. 111, 260 e 416.
[51] Robert F. Baumann, op. cit., p. 18.
[52] Clay Mountcastle, op. cit., p. 9.
[53] Antônio José Oliveira, *Resolução de Conflitos: o papel do instrumento militar no atual contexto estratégico – o exemplo do Kosovo*, Lisboa, Esfera do Caos, 2011, p. 35.
[54] US Department of Defense, "Irregular Warfare", Directive number 3000.07, Washington, December 1, 2008, p. 3.
[55] Álvaro de Souza Pinheiro, "Crises e conflitos no século XXI: a evolução das forças de operações especiais", no prelo.
[56] André Luís Woloszyn, *Ameaças e desafios à segurança humana no século XXI: de gangues, narcotráfico, bioterrorismo e ataques cibernéticos às armas de destruição em massa*, Rio de Janeiro, Bibliex, 2013, pp. 85 e 206.
[57] Moisés Naím, *O fim do poder: nas salas de diretoria ou nos campos de batalha, em Igrejas ou Estados, por que estar no poder não é mais o que costumava ser?* São Paulo, LeYa, 2013, p. 250.
[58] P. Michael Phillips, op. cit., p. 36.

Alterando a percepção sobre o uso da força militar

Os problemas principais que o mundo enfrenta hoje não são suscetíveis de solução militar.

J. F. Kennedy

O poderio militar não equivale mais a segurança nacional.

Moisés Naím

A última década do século XX trouxe uma série de dilemas e incertezas. O término da Guerra Fria suscitou uma onda revisionista, marcada, sobretudo, por uma significativa mudança de percepção quanto às potenciais ameaças à segurança internacional. Em face da súbita ruptura da ordem bipolar, a lógica simplista que regeu a disputa entre o Ocidente e o bloco socialista também ruiu, deixando um "vácuo ideológico". Inesperadamente, o mundo se viu diante de uma enorme complexidade, que, embora não fosse inédita, manteve-se eclipsada, desde o fim da Segunda Guerra Mundial, em 1945, pela dinâmica do confronto Leste-Oeste. Por esse motivo, nos anos 1990, muito esforço foi despendido com o propósito de desenvolver novas ideias e criar novos conceitos que oferecessem um enquadramento teórico adequado aos desafios globais de segurança.

DO ESTADO AO INDIVÍDUO: SEGURANÇA NACIONAL *VERSUS* SEGURANÇA HUMANA

Como afirmou o professor Geoffrey Blainey, guerra e paz constituem fenômenos interdependentes que compartilham a mesma estrutura de causas. De um modo geral, as alternativas militares disponíveis moldam a natureza, os arranjos e a sustentabilidade da paz. Por outro lado, a concepção de paz define o propósito e os limites do conflito armado. Assim sendo, ambas devem possuir interpretações compatíveis, revelando coerência em termos de fins e meios.

Enquanto a paz foi entendida, tão somente, como mera ausência de combates entre Estados nacionais antagônicos, foi possível aos soldados aterem-se, sobretudo, à visão ortodoxa da tradicional guerra interestatal. Todavia, a própria noção de paz tem se tornado objeto de novas abordagens. Obviamente, uma releitura dos conflitos armados deve refletir, necessariamente, uma releitura da paz e vice-versa.

O juízo dominante acerca de paz, crise e conflito remonta ao século XVII. O fim da Guerra dos Trinta Anos entre católicos e protestantes, em 1648, marcou o início de uma nova ordem política europeia, cujos fundamentos vieram a se tornar, com o tempo, o princípio regulador das relações internacionais em todo o mundo.

Três décadas de lutas religiosas desprovidas de limites deixaram um continente destruído pelos combates, pela pilhagem,

ALTERANDO A PERCEPÇÃO SOBRE O USO DA FORÇA MILITAR **83**

pela fome e pela doença. O impasse decorrente do esgotamento e da incapacidade de se alcançar uma vitória decisiva demonstrou que nenhum dos diversos reinos envolvidos no conflito estava em condições de se sobrepor aos demais, instaurando a unidade política e religiosa necessária à consolidação de um império. Dessa forma, quando os responsáveis pelas negociações de paz se reuniram nas cidades de Münster e Osnabrück, na região da Vestfália (na atual Alemanha), viram-se obrigados a adotar como ponto de partida o reconhecimento da fragmentação política da Europa. De acordo com Henry Kissinger:

> [A paz] se baseava num sistema de Estados independentes que renunciavam à interferência nos assuntos internos uns dos outros e limitavam as respectivas ambições por meio de um equilíbrio geral de poder [...] cada Estado era reconhecido como autoridade soberana em seu próprio território. Cada um deles reconheceria as estruturas domésticas e vocações religiosas dos outros Estados como fato consumado, e não desafiaria a sua existência. Como o equilíbrio do poder percebido agora como natural e desejável, as ambições dos governantes contrabalançariam umas às outras, diminuindo – pelo menos teoricamente – a abrangência dos conflitos.
>
> A Paz de Vestfália tornou-se um ponto de inflexão na história das nações porque os elementos que instituiu eram simples, mas exaustivos. O Estado, não o império, a dinastia ou a confissão religiosa, foi consagrado como a pedra fundamental da ordem europeia. Ficou estabelecido o conceito da soberania do Estado.[1]

A Paz de Vestfália tornou-se responsável pelo advento do moderno Estado-nação – antítese do Estado medieval. Sem a redefinição do papel do Estado como unidade política central na nova ordem europeia, os arranjos decorrentes dos Tratados de Münster e Osnabrück não teriam sido possíveis.

O Estado moderno compõe-se de três elementos essenciais, a saber: *território, povo* e *soberania*. Para muitos juristas e doutrinadores, a *finalidade* (ou valor social), consubstanciada na tarefa estatal precípua de promoção do bem comum, representa um quarto componente fundamental.

Território e povo constituem os elementos materiais, sobre os quais a soberania traduz o poder formal do Estado. Para ser efetiva, a soberania deve se mostrar absoluta, perpétua, inalienável, una, indivisível, imprescindível e, naturalmente, ser uma prerrogativa exclusiva do Estado – que goza de legitimidade na medida em que o exercício dessa soberania se reveste de valor social, tendo o bem comum como fim.

Com a ordem internacional gerada a partir da Paz de Vestfália inteiramente apoiada no protagonismo do Estado, a política externa passou a ser regida segundo a primazia absoluta do interesse nacional. A *raison d'État* e o obstinado exercício da *realpolitik* tornaram-se os alicerces de uma diplomacia excessivamente pragmática, cujos fundamentos doutrinários foram consagrados sob a égide da escola realista de Hans Morgenthau.

Nesse contexto, não surpreende que a principal destinação do instrumento militar tenha se tornado a salvaguarda da soberania do Estado e de seus interesses vitais ante ameaças provenientes de outros Estados nacionais. Assim surge, portanto, o conceito de "segurança nacional" segundo uma concepção eminentemente estatocêntrica e militarista. De acordo com Mariana Moreira e Silva:

> "A segurança externa defende o Estado, sua integridade territorial, sua soberania e as instituições políticas, especialmente no caso de agressões estrangeiras". Tradicionalmente, a Defesa de um país é (ou era) relacionada direta e unicamente com o conceito de segurança externa, ou seja, voltada somente para o caso de confronto ostensivo entre dois Estados.[2]

Na segunda metade do século XIX, em face do surgimento de correntes socialistas revolucionárias que tinham por meta a derrubada do Estado, o conceito de segurança nacional incorporou também uma dimensão interna, ampliando-lhe o escopo. Assim sendo, a segurança nacional passou a abarcar tanto a defesa externa quanto a defesa interna.

Segurança interna, ao menos em tese, não se confunde com segurança pública. Pois essa última tem por propósito a manutenção da lei e da ordem pública, bem como a proteção dos direitos e garantias individuais no nível comunitário, por meio da atuação das forças de segurança pública, isto é, das corporações policiais. Enquanto isso, a segurança interna mantém-se estritamente orientada para a defesa do Estado, não do indivíduo. Todavia, em termos práticos, pode-se observar, com base em inúmeros casos históricos, que a repressão a grupos insurgentes e outros movimentos de luta armada requer, além de estreita colaboração, uma limitada sobreposição de atribuições e responsabilidades entre soldados e policiais. Ainda assim, trata-se de conceitos distintos.

Durante os três séculos compreendidos entre o fim da Guerra dos Trinta Anos e o término da Segunda Guerra Mundial, segurança nacional foi o verdadeiro fiel da balança entre guerra e paz. Era, sobretudo, em seu nome que irrompiam as conflagrações entre os povos. Via de regra, a salvaguarda do poder soberano do Estado sobre seus elementos materiais constituía a principal razão *jus ad bellum*, isto é, o direito de se fazer a guerra entendida como justa.

O desmembramento dos impérios Alemão, Austro-Húngaro, Russo e Turco-Otomano, após a Primeira Guerra Mundial, deu origem a um grande número de novos Estados, especialmente, na Europa oriental e nos Bálcãs. A fragilidade institucional desses países, a existência de profundos ressentimentos interétnicos no seio da população e a ausência de arraigada tradição democrática provocaram instabilidade política e lutas intestinas no Velho Mundo.

O mesmo aconteceu com o esfacelamento dos impérios coloniais ultramarinos europeus na Ásia e na África, após a Segunda Guerra Mundial. Novamente, a debilidade das instituições nacionais, acirradas disputas interétnicas e a absoluta inexistência de

A GUERRA NA ERA DA INFORMAÇÃO

tradição democrática foram responsáveis pelo surgimento de Estados frágeis, incapazes de promoverem o pronto fortalecimento da coesão nacional e de superarem o desafio do desenvolvimento econômico em curto prazo, levando o Terceiro Mundo a décadas de violência fratricida.

Com seu poder em franco declínio, a Europa estava determinada a se reerguer da devastação causada pela guerra e viu-se impelida a voltar-se para dentro de si mesma, perdendo sua capacidade de projetar poder além-mar. O impasse gerado pelo equilíbrio dos arsenais atômicos norte-americano e soviético, por mais tenebroso que fosse, evitou o choque direto entre as duas superpotências. Assim sendo, a partir de 1945, a humanidade presenciou uma acentuada redução de confrontos entre Estados.

Porém, nesse mesmo período, foi possível observar uma incontida proliferação de conflitos de "baixa" intensidade. Além das guerras de libertação nacional decorrentes do processo de descolonização, disputas internas pelo poder provocaram um grande número de guerras civis. Muitos conflitos combinavam dissensões étnicas, ideologia revolucionária e a velada ingerência de governos estrangeiros, especialmente, Washington e Moscou. Dessa forma, algumas guerras "transbordaram" as fronteiras políticas de seus respectivos países e se internacionalizaram, causando impacto regional e reflexos globais significativos. Mesmo após o término da Guerra Fria, manteve-se elevado o número de conflitos protagonizados por atores armados não estatais e, por conseguinte, à margem da ordem internacional idealizada pelo concerto das nações (Gráfico 1).

Gráfico 1 – Natureza dos conflitos armados (1946-2014)

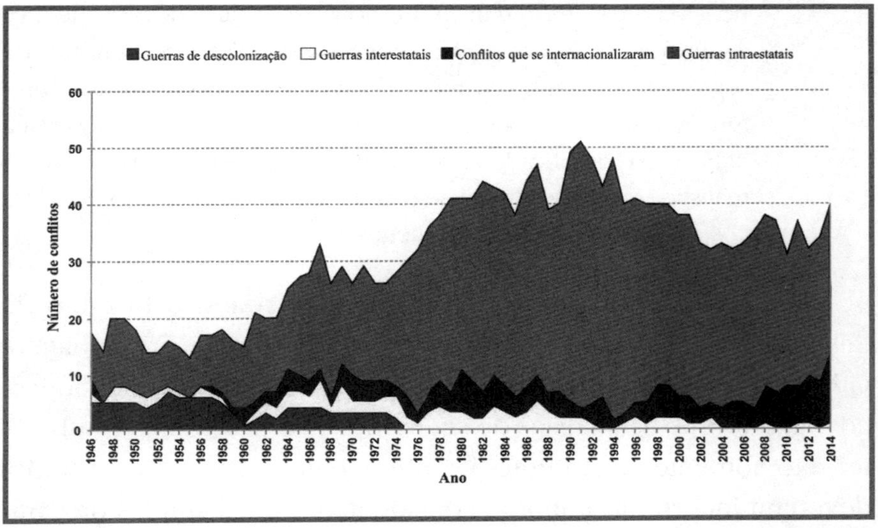

Fonte: Uppsala Conflict Data Program

De acordo com Eric Hobsbawm:

> Não tem sido objeto de reconhecimento geral o fato de que o número de guerras internacionais diminuiu de maneira praticamente contínua desde meados da década de 1960, quando os conflitos internos passaram a ser mais comuns do que as guerras entre países. O número de conflitos dentro das fronteiras nacionais continuou a subir fortemente até se estabilizar na década de 1990.[3]

Diante dessa realidade, muitos acadêmicos, na década de 1980, passaram a postular uma redefinição do conceito de segurança segundo um enfoque mais abrangente. Para eles, a ideia de segurança nacional, *stricto sensu*, mostrava-se incapaz de proporcionar um enquadramento lógico ao grande número de conflitos intraestatais, além de se revelar um obstáculo a quaisquer outras formas de relações internacionais que não fossem fundamentalmente regidas pela competição entre os Estados. De acordo com Grace Tanno:

88 A GUERRA NA ERA DA INFORMAÇÃO

Iniciaram-se, então, discussões visando a redefinir os limites teóricos da área de segurança. O movimento de renovação teórica surgiu por meio do debate sobre a redefinição do conceito de segurança utilizado em relações internacionais. A análise aprofundada sobre o conceito de segurança demonstrava que sua utilização e significado encontravam-se imbuídos pelas premissas realistas, que associavam segurança exclusivamente ao Estado e aos aspectos militares e estratégicos.[4]

Em 1985, na capital dinamarquesa, foi criado o Instituto de Pesquisas da Paz, mais conhecido como Escola de Copenhagen. O instituto tornou-se um importante centro do pensamento crítico, advogando que as análises de segurança não poderiam se submeter, tão somente, a um enfoque puramente militar. Ao contrário, deveriam incorporar também considerações mais amplas de caráter econômico, social, político e ambiental. Seu ideário tornou-se um contraponto ao realismo tradicional.

Dentre os principais intelectuais da Escola de Copenhagen, Barry Buzan exerceu notável influência sobre os debates de ampliação da agenda de segurança internacional. Com uma abordagem holística bem estruturada, introduziu, em última análise, uma nova perspectiva de paz, que não se restringia apenas à ausência de guerras convencionais entre Estados soberanos.

No ano de 1994, o relatório sobre o desenvolvimento humano elaborado pelo Programa das Nações Unidas para o Desenvolvimento (PNUD) trouxe o conceito de "segurança humana", incorporando-o à pauta do mundo pós-Guerra Fria. De acordo com Ariana Bazzano de Oliveira:

> O conceito tradicional de segurança centrado no Estado, na sua soberania e integridade territorial, pressupõe que a segurança é conquistada na medida em que se fortalece a sua capacidade militar [...]
>
> Em linhas gerais, pode-se dizer que a segurança humana foca o indivíduo e não o Estado, como sujeito de segurança. O Estado é

o meio pelo qual o indivíduo pode ter o seu bem-estar, liberdade e direitos garantidos e efetivados. Esta mudança traz profundas implicações teóricas e práticas para as políticas dos Estados.[5]

A ideia de segurança humana, portanto, revelou-se bastante inovadora na medida em que se contrapôs à consagrada doutrina da segurança nacional, cujo foco se mantém centrado na defesa e na proteção do próprio Estado enquanto instituição e ente jurídico.

O conceito então proposto possuía duas vertentes complementares e interdependentes. A primeira, denominada "liberdade de necessidades" (*freedom from want*), dizia respeito à proteção contra ameaças crônicas como a fome, proliferação de endemias, carência de infraestrutura básica e escassez de recursos imprescindíveis para o pleno desenvolvimento humano. A segunda vertente, conhecida como "liberdade do medo" (*freedom from fear*), visava a proteger o indivíduo e sua comunidade dos horrores da guerra, genocídios, limpezas étnicas e quaisquer outras formas de repressão e autoritarismo. Ambas as "liberdades" se estruturam didaticamente em sete dimensões, a saber:

> **Segurança econômica:** garantir o ingresso básico em um trabalho produtivo e remunerado; os recursos mínimos e a necessidade de se resolverem os problemas estruturais, entre eles, o desemprego, a desigualdade socioeconômica e o trabalho precário;
>
> **Segurança alimentar:** todas as pessoas devem ter acesso aos alimentos básicos. O documento [do PNUD] enfatiza que a fome não é causada somente pela ausência, mas pela má distribuição dos alimentos;
>
> **Segurança sanitária:** o relatório cita que 17 milhões de pessoas morrem por ano, nos países em desenvolvimento, em decorrência de doenças contagiosas e parasitárias, como diarreia, tuberculose e infecções respiratórias agudas. As epidemias, a falta de água potável, os acidentes de trânsito, o câncer, dentre outros problemas, são analisados no relatório com a ênfase de que as ameaças sanitárias são maiores em áreas de pobreza;

90   A GUERRA NA ERA DA INFORMAÇÃO

Segurança ambiental: o desmatamento, a poluição do ar e da água, enfim, os processos de degradação de ecossistemas. O relatório destaca que a escassez de água pode se tornar um fator causador de conflitos étnicos e políticos;

Segurança pessoal: segurança frente à violência física, seja do Estado (tortura), de outros Estados (guerra), de outros indivíduos (violência urbana, crimes, tráfico de drogas). A violência contra a mulher, crianças e os suicídios, também são citados nesse item;

Segurança comunitária: as pessoas necessitam ter segurança de manifestar a sua identidade cultural e conjunto de valores em conjunto com a sua família, comunidade, organização, grupo étnico. Lutas interétnicas, limpeza étnica e questões indígenas são tratadas nesse ponto; e

Segurança política: são apontados tanto os direitos humanos dos cidadãos num Estado, como os elementos que impedem a sua efetivação: a repressão política por parte do Estado, a tortura, os desaparecimentos, as detenções ilegais etc.[6]

A tabela a seguir apresenta uma síntese comparativa entre o tradicional conceito de segurança nacional e a proposta apresentada, na década de 1990, pelo PNUD:

ALTERANDO A PERCEPÇÃO SOBRE O USO DA FORÇA MILITAR 91

Tabela 1 – Quadro comparativo Segurança Nacional *versus* Segurança Humana

Fatores de comparação	Segurança Nacional	Segurança Humana
1. Core	Conceito centrado na segurança do Estado	Conceito centrado na segurança da pessoa humana
2. Concepção	Estatocêntrica e militarista	Concepção multidisciplinar
3. Marco doutrinário	Escola realista (Hans Morgenthau)	Escola de Copenhague (Barry Buzan) Relatório sobre Desenvolvimento Humano do PNUD, 1994
4. Para quem é a segurança?	O objeto da segurança é o Estado (o Estado é o fim)	O objeto da segurança é o indivíduo (o Estado é o meio)
5. Segurança	Defesa e proteção do território nacional	Salvaguarda das garantias individuais básicas
6. Qual valor deve ser protegido? (enfoque sobre os elementos constitutivos do Estado moderno)	A *soberania* do Estado sobre seus elementos materiais, sobretudo a integridade territorial	A *finalidade* ou valor social: tarefa estatal precípua de promoção do bem comum, materializada na promoção e salvaguarda dos Direitos Humanos
7. Ameaças à segurança	Outros Estados	Violência intra e interestatal Ameaças transnacionais (terrorismo, crime organizado etc.) Endemias Desastres naturais Chagas sociais e econômicas (violência estrutural: atraso econômico, iniquidade, miséria etc.)
8. Foco	Na prevenção de conflitos por meio da dissuasão militar Na resolução de conflitos por meio da intervenção militar	Na prevenção de conflitos por meios não militares

A GUERRA NA ERA DA INFORMAÇÃO

9. Meios	Militares	Prevalência de meios não militares
10. Obtenção e manutenção da paz	Hegemonia de uma potência ou equilíbrio do poder (*"conquista da paz"*)	Condições favoráveis de desenvolvimento socioeconômico Promoção e proteção dos Direitos Humanos (*"construção da paz"*)
11. Premissas	As relações internacionais são regidas exclusivamente pelo interesse dos Estados	- Os Estados não são os únicos atores importantes. - A força não é o único instrumento significativo. - A segurança internacional vai além das questões militares. - A segurança internacional é transnacional, global e interdependente. - O conceito de segurança internacional centrado no poderio bélico convencional é insuficiente para explicar (e solucionar) todas as questões de segurança.
12. Atores	Estados	Estados, organismos internacionais, ONGs, atores não estatais responsáveis por ameaças à sociedade e ao indivíduo (organizações terroristas, grupos insurgentes, facções criminosas etc.)

13. Dimensões *interdependentes*	Diplomática (calcada no poderio bélico convencional)	*Freedom for wants* (dignidade da pessoa humana) 1. Segurança econômica; 2. Segurança alimentar; 3. Segurança sanitária; 4. Segurança ambiental;
	Militar	*Freedom for fear* (segurança física) 5. Segurança pessoal; 6. Segurança comunitária; e 7. Segurança política.
14. Relação preponderante entre os Estados	Competição	Cooperação
15. Segurança proporcionada	Pela *capacidade militar*	Pelo *desenvolvimento humano*, ainda que o Estado detenha o monopólio da aplicação da legítima força coercitiva para salvaguardar direitos individuais e coletivos.

Embora o termo apresentado pelo PNUD, há pouco mais de 20 anos, tenha se tornado lugar comum no âmbito das relações internacionais, até o presente momento, nenhum Estado de efetiva relevância no concerto das nações incorporou-o, verdadeiramente, como dogma fundamental na formulação de sua política de defesa. Os adeptos da escola realista, ainda, conservam sua hegemonia. De um modo geral, as críticas ao conceito de segurança humana se revestem de grande pragmatismo:

> [A ideia de segurança humana] não contém uma visão do poder ou das instituições políticas requeridas para garantir a efetiva implementação dos direitos humanos, que em certas situações inclusive exige o uso do sistema repressivo.

94   A GUERRA NA ERA DA INFORMAÇÃO

> Dilui os problemas específicos da luta contra a violência física numa agenda que, no final das contas, inclui todas as possíveis fontes de insegurança, confundindo diferentes fatores causais.
>
> Reduz a capacidade operacional dos agentes ao incorporar distintos problemas sociais. Em sociedades complexas, as áreas abrangidas pela agenda de segurança humana são distribuídas em diferentes subsistemas, com relativa autonomia operacional e responsabilidades variadas (forças armadas, saúde pública, políticas sociais e políticas ambientais). Enquanto conceito holístico que não é traduzido em termos operacionais analíticos, essa noção de segurança humana não consegue definir prioridades nem distribuir responsabilidades.
>
> Leva a uma visão estreita e reducionista do Estado (na verdade, a segurança individual sempre esteve presente no Estado moderno) e superestima o papel da sociedade civil. Perde de vista o fato de que a segurança pública e a proteção aos cidadãos não podem ocorrer sem instituições sólidas que garantam a ordem pública e o provimento da justiça.[7]

Outra importante crítica (e temor relativo) ao conceito de segurança humana está associada aos riscos de que "intervenções militares humanitárias" sejam realizadas sob o pretexto da "responsabilidade de proteger" minorias desafortunadas, apenas para legitimar interesses escusos de grandes potências. Dessa forma, os desígnios da comunidade internacional seriam impostos pelo uso da força, a despeito da soberania de Estados mais fracos, que pecam em sua finalidade perante sua própria população, pois se mostram incapazes de promover o bem comum segundo valores consagrados dos direitos humanos.

Por fim, alguns detratores chamam a atenção para o equívoco semântico de se reduzir "segurança" e "defesa" a vocábulos de mesmo significado.

Todavia, é digna de nota a análise do panorama global que subsidia o constructo teórico-doutrinário da segurança humana. A constatação de que, nos dias atuais, ameaças provenientes de atores armados não estatais oferecem maiores riscos à paz e à ordem internacional do que as tradicionais formas de beligerância entre Estados antagônicos constitui a premissa segundo a qual está alicerçado o conceito de segurança humana. Para Bernado Sorj, professor de Sociologia da Universidade Federal do Rio de Janeiro (UFRJ):

> [...] hoje a insegurança física é causada mais por conflitos armados internos do que por guerras entre países. Tais conflitos podem ser guerras civis ou disputas mais indefinidas entre quadrilhas armadas ou grupos terroristas, às vezes com apoio direto ou indireto de Estados pouco comprometidos com os direitos humanos.[8]

De fato, o conceito de segurança humana não deve ser visto como uma panaceia para os problemas que envolvem violência armada ou um mantra do pacifismo utópico. Porém, seu teor pode ser entendido como um ponto de partida para uma interpretação holística e multidisciplinar sobre guerra e paz. Ao oferecer uma ampliação notável do escopo da segurança, a ideia proposta pelo PNUD rompe com abordagens reducionistas estritamente calcadas na aplicação do poderio bélico convencional: "a insegurança humana é a violação dos direitos humanos perpetrada por Estados ou atores armados não estatais, em casos de guerra ou independente dela".[9] Portanto, em decorrência dessa visão sistêmica e multidimensional, os decisores políticos e militares, em todos os níveis, são induzidos a reconhecer a enorme complexidade intrínseca às questões de segurança.

Se a paz deixa de ser entendida tão somente como a mera suspensão temporária de combates entre exércitos regulares de Estados beligerantes e se os riscos a essa mesma paz deixam de ser oriundos apenas de tanques dispostos ameaçadoramente no outro lado da fronteira, por analogia o juízo acerca dos conflitos armados não pode se restringir à rígida ortodoxia das guerras

96 A GUERRA NA ERA DA INFORMAÇÃO

industriais, sob pena de que as forças armadas se tornem instituições anacrônicas, dispendiosas e ineficazes. Tal fato impõe uma
ampliação das capacidades inerentes ao instrumento militar, com
profundas implicações sobre os campos da tática e da estratégia.
De acordo com o almirante norte-americano James Stavridis, antigo comandante supremo da Otan:

> [...] Estamos nós aqui, no século XXI, sabendo que nossas
> ferramentas do século passado [para prover segurança] não
> vão funcionar.
>
> [...] Nós não forneceremos segurança unicamente pelo cano
> de uma arma. De certo, nós vamos precisar da aplicação da
> força militar. Quando fizermos isso, deveremos fazer bem e
> com competência. [...] Eu não quero que ninguém pense que
> nós não vamos precisar de forças armadas capazes e compe-
> tentes que possam produzir efeito militar real. Isso é o *core* do
> que somos e do que fazemos. E fazemos isso para proteger a
> liberdade, liberdade de expressão e todas as coisas que valo-
> rizamos em nossa sociedade.
>
> [...] Mas você não deve ter, apenas, uma força militar que está
> em um combate de alta intensidade ou aquartelada. Eu penso
> sobre como nós criaremos segurança no século XXI: haverá
> ocasiões de guerra real e crises em que deveremos aplicar
> *hard power*. Mas há muitas instâncias onde nossas forças ar-
> madas podem contribuir para a segurança do século XXI por
> meio da cooperação internacional, de esforços interagências e
> de parcerias público-privadas. Tudo isso apoiado em comuni-
> cações estratégicas eficazes.[10]

A adoção de um enfoque sistêmico e multidimensional vem
sendo paulatinamente instrumentalizada em todo o mundo, ainda que de modo empírico. Campanhas de contrainsurgência, por
exemplo, como as guerras no Afeganistão, no Iraque ou na Colômbia, invariavelmente exigem esforços que extrapolam os estreitos limites do campo militar. Governos e forças armadas, que

se viram presos nesse tipo de conflito persistente, foram obrigados a recorrer a formas mais ecléticas de enfrentamento, buscando soluções multidisciplinares.

Por sua vez, a ONU, em suas missões de imposição e manutenção da paz, tem feito uso de um conceito estratégico denominado "abordagem integrada" (*comprehensive approach*). Segundo o tenente-coronel Antônio José Oliveira, do Exército de Portugal:

> Apesar das operações militares inerentes à resolução de conflitos requererem a execução de um espectro cada vez mais largo de tarefas por parte das forças [armadas], a resolução de conflitos é também efetuada com base em medidas não coercitivas. Isto implica que o emprego do instrumento militar seja balanceado numa aproximação holística e integrada de todos os instrumentos de poder, sendo fundamental introduzir diversas outras medidas e ações, sobretudo de natureza diplomática e econômica e ainda potencializá-las através de redes sociais, para que se atinja o estado final pretendido.
>
> O tradicional emprego do instrumento militar na resolução de conflitos parece assim estar a sofrer uma rápida evolução, o que obriga a rever o seu papel.
>
> [...] [*Comprehensive approach*] tem por base o emprego de sistemas que convergem metodologicamente para uma combinação de soluções multinacionais e multidisciplinares. [...] o instrumento diplomático é sempre usado, mas requer frequentemente a materialização de ações econômicas, militares e sociais para apoiar a sua eficácia.
>
> [...] Para se atingir o estado final desejado com sucesso, a atuação na resolução de um conflito parece exigir uma aproximação integrada envolvendo o vasto leque de atores, militares e civis, focalizando a sua atenção nos efeitos a atingir.
>
> [...] É também necessário e em paralelo desenvolver instituições, ferramentas intelectuais e cultura civil que permitam que os grupos em conflito se aproximem. O desenvolvimento de estruturas que incrementem a governabilidade e reduzam as

98 A GUERRA NA ERA DA INFORMAÇÃO

arbitrariedades, a introdução de regras de direito que permitam reduzir as violações dos direitos humanos, a criação de uma economia de mercado, que permita reduzir a corrupção e a economia paralela são mecanismos que vão contribuir para a dissipação das causas do conflito.

[...] Neste âmbito, é fundamental que o emprego do instrumento militar seja articulado com uma utilização holística de todos os instrumentos de Poder para que todos sejam potencializados. Como parte de uma estratégia global, é fundamental introduzir medidas e ações específicas de cada instrumento e ainda potencializá-las através das redes sociais num sistema de *comprehensive approach* ao conflito.

[...] A força militar é normalmente utilizada para estabelecer um ambiente de estabilidade e segurança que permita a atuação dos atores restantes.

[...] Sem segurança a reconciliação, reconstrução e o desenvolvimento de programas necessários ao estabelecimento da situação de paz dificilmente serão efetivos.[11]

Uma estratégia concebida segundo o modelo de abordagem integrada tem por premissa o reconhecimento de que a violência armada não pode ser definitivamente erradicada pela mera aplicação do poderio bélico convencional, reduzindo um problema complexo a uma simples questão de força. A paz deve ser sistematicamente construída ao longo de um sólido processo político, social e econômico que estabeleça fundamentos robustos de justiça e prosperidade. Para tanto, faz-se necessário identificar o conjunto de causas estruturais geradoras do conflito e restringir o uso do instrumento militar, apenas para criar as condições de segurança necessárias ao emprego de outros meios (não militares) – aos quais, efetivamente, compete a tarefa de moldar o ambiente.

Ao contrário do que muitos creem, sobretudo, os mais céticos, uma visão sistêmica e multidimensional das questões de segurança não está circunscrita, apenas, às missões de paz conduzidas sob a égide de organismos internacionais, campanhas de contrainsurgência ou operações subsidiárias de estabilidade e apoio. A dinâmica dos conflitos na Era da Informação, a despeito do nível de intensidade exibido nos campos de batalha, exige uma combinação hábil e racional de meios militares e não militares para se atingir um estado final desejado que seja coerente com os objetivos políticos nacionais. A noção tacanha de vitória, que se restringe à destruição do inimigo em suas trincheiras, não é, por si só, suficiente para gerar condições adequadas de paz e prosperidade. Como bem disse o almirante Stavridis, embora ainda precisemos de forças armadas capazes e competentes, não será possível fornecer segurança, no século XXI, apenas pelo cano de uma arma. Nesse ponto, convém citar Sun Tzu para recordarmos que a verdadeira estratégia não se fundamenta na devastação causada pelos combates, ainda que, muitas vezes, eles sejam inevitáveis:

> Em geral, na guerra a melhor política a adotar é tomar um Estado intacto; arruiná-lo está abaixo disso. Obter cem vitórias em cem batalhas não é o máximo de habilidade. Subjugar o inimigo sem lutar é o máximo de habilidade. Assim, os peritos em guerras subjugam o exército do inimigo sem combater. Capturam as cidades sem tomá-las de assalto e derrubam o Estado sem operações [militares] prolongadas. Seu objetivo deve ser conquistar tudo sob o céu intacto. Assim, seus soldados não se esgotam e seus ganhos serão completos. Esta é a arte da estratégia ofensiva. [12]

A forma pela qual os Estados Unidos derrotaram a União Soviética, durante a Guerra Fria, se presta como um excelente exemplo da combinação muito bem-sucedida de meios militares e não militares. A famosa "política de contenção", formulada a partir das ideias de George Keenan, tornou-se a pedra angular da política externa norte-americana ao longo de mais de quatro décadas de acirrado antagonismo. Nesse período, Washington se valeu de toda sorte de iniciativas e recursos para levar adiante sua grande estratégia e atingir seu propósito – desde a ajuda econômica fornecida aos países da Europa ocidental dentro do escopo do Plano Marshall até o programa espacial, passando pela dissuasão nuclear, espionagem, operações clandestinas no Terceiro Mundo e as guerras travadas em conformidade com a Doutrina Truman na Coreia e no Vietnã, além, é claro, de uma diplomacia extremamente dinâmica e flexível.

Todavia, a questão fundamental, na Era da Informação, é que a combinação de capacidades militares e não militares não pode se limitar, tão somente, à alternância dos meios e recursos disponíveis no nível político. Há que se fazê-la de forma contínua, no tempo e no espaço, em todos os níveis (estratégico, operacional e tático), até os menores escalões de combate, seja qual for a natureza e a intensidade do conflito.

Mas estamos prontos para isso? Como os exércitos têm aplicado o poderio bélico para produzir efeito militar decisivo?

COMO TEMOS COMBATIDO

Muita coisa é posta em jogo em um campo de batalha: a luta desesperada pela sobrevivência, travada por jovens soldados na linha de frente; o destino da nação; o sofrimento imposto a vítimas civis inocentes; o impacto econômico provocado pela destruição etc. Sem dúvida, trata-se de algo muito importante para ser deixado ao acaso. Por esse motivo, as forças armadas têm o dever de se empenharem em sua busca incansável pela perfeição, visando à excelência tática. Para tanto, se submetem a uma exaustiva e ininterrupta rotina de preparação.

Como disse Clausewitz, na guerra tudo é muito simples, mas até a coisa mais simples se torna árdua e penosa, pois as dificuldades se acumulam em virtude daquilo que chamou de fricção.[13] Dessa forma, faz-se necessário que o intenso treinamento militar se baseie na repetição, o que, por sua vez, gera uma grande rigidez de procedimentos e a convicção de que os soldados cumprirão suas tarefas a despeito de toda sorte de adversidades. Daí o adágio: "você luta como você treinou".

Consequentemente, o vasto conjunto de processos, métodos e técnicas que são internalizados por meio da instrução militar define um padrão doutrinário, com o qual se espera que os exércitos combatam e vençam a próxima contenda. Cria-se a expectativa (e quase a certeza) de que aquele modelo de uso da força será a solução apropriada para o conflito que está prestes a acontecer. É natural, portanto, que o estudo da guerra nos revele padrões gerais de conduta tática, aos quais os militares se mantiveram fiéis ou, simplesmente, se subordinaram em determinados momentos da história.

Em 1989, no momento em que a Guerra Fria caminhava para o seu fim, um pequeno grupo de analistas de defesa norte-americanos – a maioria deles, soldados profissionais – se propuseram a identificar as tendências dos próximos conflitos, para que as forças armadas de seu país se preparassem adequadamente para os desafios que estavam por vir. William Lind, Keith Nightingale, Joseph Sutton, Gary Wilson e John Schmitt fundamentaram seus argumentos no estudo das guerras ocorridas a partir da Paz de Vestfália, em 1648, justamente para tentar definir os padrões gerais de conduta que nortearam os combates terrestres desde então, esperando, assim, identificar as principais mudanças qualitativas ocorridas em termos táticos.

Chegaram à conclusão de que, no período considerado, existiram três modelos predominantes de "como" se fazer a guerra. Ao levar em conta que essas formas de combate se desenvolveram, de um modo geral, segundo uma ordem cronológica e dentro de um contexto histórico específico, eles fizeram uso do termo "geração" para definir cada uma delas. Mais importante foi o fato de esboçarem as características daquilo que consideravam ser uma quarta geração emergente.

102   A GUERRA NA ERA DA INFORMAÇÃO

Os atentados terroristas de 11 de Setembro deram grande notoriedade ao conceito de "guerra de quarta geração". Afinal, os ataques perpetrados contra as torres gêmeas do World Trade Center e o prédio do Pentágono pareciam corroborar as ideias formuladas, há mais de dez anos, por aquele pequeno grupo de estudiosos. Especulou-se, ainda, à época da invasão norte-americana do Afeganistão, que soldados dos Estados Unidos teriam encontrado cópias de artigos versando sobre esse tema em cavernas que serviram de esconderijo para militantes da Al-Qaeda.

A ideia atraiu uma torrente de opositores, que condenaram, sobretudo, seu viés reducionista. Muitos críticos se dedicaram com afinco à desconstrução da teoria de guerra de quarta geração. Mas, detrações à parte, o conceito nos fornece uma visão sintética, proporcionada por um ordenamento didático lógico acerca dos modelos de confrontações predominantes no ideário militar ao longo dos últimos 350 anos. Não pretendemos aqui discorrer sobre sua pertinência ou suas contradições. Apenas nos valermos de sua estrutura epistemológica para identificar a existência de concepções táticas distintas e, muitas vezes, incongruentes.

A primeira geração da guerra moderna se estendeu de meados do século XVII a meados do século XIX, o que corresponde, em linhas gerais, ao período compreendido entre o término da Guerra dos Trinta Anos e a era napoleônica. Ou seja, foram as guerras pré-industriais, caracterizadas pelo emprego de tropas emassadas em formações cerradas, travando batalhas campais que se assemelhavam a desfiles militares, com toques de corneta, bandas marciais e estandartes desfraldados. O combate era linear, exigindo movimentos coordenados e sincronizados como uma rígida coreografia, que tinha por objetivo colocar o oponente em desvantagem tática, isto é, obrigá-lo a desdobrar tropas numericamente inferiores em posições desfavoráveis do terreno. Por esse motivo, a manobra constituía a verdadeira essência da batalha. Em virtude da precariedade das armas de fogo, o con-

ALTERANDO A PERCEPÇÃO SOBRE O USO DA FORÇA MILITAR 103

fronto final se dava a curtas distâncias, degenerando-se em combate corpo a corpo.

Entretanto, o incremento tecnológico do campo de batalha promovido pela Revolução Industrial, na segunda metade do século XIX, condenou à obsolescência as táticas empregadas nas guerras de primeira geração. As enormes baixas sofridas pela cavalaria inglesa durante a carga da Brigada Ligeira, em Balaclava (1854); o dramático ataque da infantaria confederada comandado pelo general Pickett, em Gettysburg (1863); e o malogro do Exército brasileiro diante das trincheiras de Curupaiti (1866) demonstraram que o aumento do poder de fogo tornara impossível o emprego de tropas emassadas. As rígidas formações se desfizeram e os soldados foram obrigados a se dispersar em busca de abrigo e proteção.

Porém, a tática não evoluiu tanto quanto a tecnologia. Esse hiato levou à ascendência da capacidade destrutiva sobre a manobra. Nas guerras de segunda geração, a batalha permaneceu linear, seguindo padrões formais de planejamento e métodos de execução pouco flexíveis. O propósito era mobilizar os recursos da nação o mais rápido possível, concentrar o máximo poder relativo de combate e, sobretudo, cerrar sobre o inimigo para destruí-lo. Emassar fogos e não tropas se tornou a tônica dos combates. Assim sendo, prevaleceu a "guerra de atrito", caracterizada por uma sensível perda de mobilidade tática, pois a defesa em posição se sobrepunha às operações ofensivas. A combinação letal de moderna artilharia, metralhadora, arame farpado, pá e picareta cobrou um preço assustadoramente alto em vidas humanas. As batalhas se tornaram pura carnificina, cujos ganhos táticos raramente compensavam o número de baixas.

Embora o genocídio das trincheiras durante a Primeira Guerra Mundial tipifique melhor a guerra de segunda geração, podemos observar que o dispositivo defensivo francês na Linha Maginot em 1940; a decisiva Batalha de Stalingrado travada na frente russa entre os anos de 1942 e 1943; os sucessivos ataques aliados a Monte Cas-

104 A GUERRA NA ERA DA INFORMAÇÃO

sino, na península itálica, em 1944; bem como as operações de busca e destruição realizadas pelas tropas norte-americanas durante a Guerra do Vietnã nas décadas de 1960 e 1970, traduzem exatamente a mesma concepção de guerra: "aço no alvo para aniquilar as forças militares do inimigo", ou seja, o atrito sustentado pelo poder de fogo como fator determinante da vitória. Não surpreende, portanto, que Samuel Marshall, em sua célebre obra *Homens ou fogo?*, tenha concluído que "[...] essencialmente, o fogo vence as guerras".[14]

Assim sendo, a guerra de terceira geração surgiu da necessidade de superar a estagnação tática e o impasse estratégico gerados pela supremacia absoluta do poder de fogo. Enquanto os soldados chafurdavam no lodaçal das trincheiras durante a Primeira Guerra Mundial, seus exércitos buscavam uma forma de romper o embaraço e retomar a mobilidade.

A Inglaterra, berço da Revolução Industrial, tentou uma solução tecnológica. Em setembro de 1916, durante a Batalha do Somme, os britânicos empregaram pela primeira vez o "tanque de guerra". Os resultados foram insignificantes, em virtude de falhas mecânicas e das péssimas condições do terreno. Todavia, em novembro de 1917, na Batalha de Cambrai, nove batalhões de carros de combate demonstraram desempenho satisfatório, depois de serem lançados em um ataque surpresa. Na Batalha de Amiens, em agosto de 1918, os novos engenhos se saíram, ainda, melhor ao romper as defesas inimigas. Entretanto, o conceito de emprego de formações blindadas permaneceu como uma ideia embrionária até o fim da guerra.[15]

A Alemanha, berço de Scharnhorst, Clausewitz e Moltke, procurou uma alternativa tática, criando o ataque de penetração. O general Oskar von Hutier combinou métodos de infiltração, desenvolvidos por tropas de assalto, com concentrações de artilharia curtas, porém intensas, em determinados trechos da linha de frente. Ele pretendia obter uma ruptura limitada no dispositivo defensivo do adversário, criando uma brecha para explorá-la com uma rápida penetração em profundidade na retaguarda inimiga.

Hutier alcançou algumas vitórias importantes, mas nenhuma delas foi capaz de impedir a derrota alemã.

Tanto o advento do carro de combate quanto as inovações táticas (infiltração e penetração) não foram suficientes para alterar significativamente o quadro de paralisia que marcou a guerra de trincheiras no *front* ocidental. A solução definitiva surgiu somente no período entre guerras, quando J. F. C. Fuller e Liddell Hart passaram a advogar a combinação de ambos os conceitos. Ou seja, o emprego de grandes formações blindadas para realizar uma penetração profunda e veloz no território inimigo, visando à obtenção de resultados estratégicos decisivos. O aprimoramento tecnológico dos carros de combate e da aviação de caça tornou a ideia factível. Entretanto, coube ao general Heinz Guderian, artífice das divisões Panzer e da *Blitzkrieg* ("guerra-relâmpago") alemã, a tarefa de ressuscitar a guerra de movimento, permitindo que a Wehrmacht alcançasse vitórias espetaculares nos primeiros anos da Segunda Guerra Mundial.

Em síntese, a guerra de terceira geração representou um renascimento da tática e um retorno à mobilidade. De acordo com William Lind:

> A guerra de terceira geração é baseada não no poder de fogo e atrito, mas na velocidade, surpresa e no deslocamento mental e físico. Taticamente, durante o ataque, o militar da terceira geração procura adentrar nas áreas de retaguarda do inimigo, causando-lhe o colapso da retaguarda para a frente. Ao invés de "aproximar e destruir", o lema é "passar e causar colapso" [...]. A guerra de terceira geração é não linear.[16]

Nesse tipo de guerra, liberdade de ação, iniciativa, flexibilidade de raciocínio, discernimento tático, senso de oportunidade e capacidade de decisão tornaram-se atributos mais importantes que a disciplina formal e o rígido ordenamento das forças que caracterizaram as duas gerações anteriores. Afinal, o que se esperava dos comandantes táticos era a capacidade de operar em profundidade combinando tempestividade, surpresa e rapidez.

106   A GUERRA NA ERA DA INFORMAÇÃO

Durante a Segunda Guerra Mundial, sobretudo em seus estágios iniciais, a Wehrmacht obteve resultados extraordinários graças às Panzertruppen e suas táticas originais. Porém, o conflito como um todo obedeceu à mesma lógica da guerra anterior, prevalecendo as grandes batalhas de atrito.

Contudo, os autores da teoria de guerra de quarta geração procuravam identificar as prováveis características dos combates do futuro e delinearam uma nova forma de conflito. Com notável lucidez, fizeram acertadas previsões, dentre as quais se destacaram: a perda do monopólio estatal sobre a guerra; uma mudança de enfoque da vanguarda do exército inimigo para o interior da própria sociedade oponente; os elevados custos para um Estado se antepor às ameaças assimétricas; o emprego de forças de efetivos bem reduzidos e independentes (ou células), que atuariam com o máximo de iniciativa e liberdade de ação, com ordens do tipo "missão pela finalidade"; essas pequenas forças poderiam contar com um mínimo suporte de retaguarda, incluindo seu apoio logístico; seriam capazes de tirar proveito da abertura proporcionada pela liberdade, bem como de empregar o poder de combate do inimigo contra ele próprio, privilegiando alvos de alto valor psicológico em detrimento de objetivos físicos.[17]

Para os teóricos da quarta geração, o que caracterizaria as guerras do futuro não seria nenhuma grande mudança em como o inimigo combate, mas *"quem"* estaria lutando, *"por quais motivos"* e *"para que"*.[18] Como eles mesmos admitiram, muitas dessas características não constituiriam, de fato, nenhuma inovação. Contudo, o mundo retornaria às formas de beligerância que precederam a Paz de Vestfália, isto é, um cenário marcado por culturas em conflito, com significativa participação de atores não estatais:

> Muitas entidades diferentes – não apenas os governos de países – travarão a guerra e o farão por muitas razões distintas, não apenas como "uma promoção de políticas por outros meios". Usarão de muitas ferramentas diferentes para combater, não se restringindo ao que reconhecemos como forças militares.

[...] No seu fundamento se encontra uma crise universal da legitimidade do Estado, e essa crise significa que muitos países terão evoluída a guerra de quarta geração em seu território.

[...] Em todo o mundo, os militares se encontram combatendo oponentes não estatais tais como a Al-Qaeda, o Hamas, o Hezbollah e as Forças Armadas Revolucionárias da Colômbia. Quase em toda parte, o Estado está perdendo.[19]

Moisés Naím corrobora essa visão, afirmando que:

[...] estão em franco aumento os conflitos militares não ligados à defesa de um território particular, mas motivados por metas em princípio não relacionadas a fronteiras, e sim ideológicas, criminosas, religiosas e econômicas.

[...] os movimentos insurgentes têm hoje menor probabilidade de seguir uma ideologia e uma liderança estabelecida (como o vietcongue) e maior probabilidade de serem "coalizões de indignados", que podem surgir quase espontaneamente (como a intifada palestina).[20]

Um conflito de quarta geração se decide nos níveis operacional, estratégico, mental e moral, ao invés dos níveis tático e físico. Portanto, o uso do instrumento militar antes, durante e depois da batalha, se mostra tão importante quanto a mera aplicação do poderio bélico convencional para destruir as forças inimigas desdobradas no terreno.

A tabela a seguir oferece uma síntese da teoria de guerra de quarta geração.

Tabela 2 – Quadro comparativo entre as quatro gerações da guerra terrestre, moderna e contemporânea

Fatores de comparação	Guerra moderna e contemporânea			
	1ª Geração	2ª Geração	3ª Geração	4ª Geração
Contexto histórico	Pré-industrial	Industrial		Pós-industrial

Protagonistas	Atores estatais			Atores estatais e não estatais
Campo de batalha	Linear		Não linear	Não contíguo Indefinido Difuso
Modelo	Guerra metódica (guerra científica)		"Guerra-relâmpago"	"Guerra irrestrita"
Objetivo da batalha	Subjugar o exército oponente	Destruir as forças militares do inimigo	Provocar o colapso das forças inimigas da retaguarda para a frente	Auferir resultados psicológicos e afetar a opinião pública
Natureza do objetivo	*Física*: terreno e unidades de linha do inimigo		*Física*: sistemas de apoio logístico e de comando e controle *Psicológica*: decisores militares	*Psicológica*: decisores políticos e opinião pública
Expressão preponderante	Campo militar			Campo psicossocial
Relação fogo-manobra	Ascendência da manobra sobre o poder de fogo	Ascendência do poder de fogo sobre a manobra	Equilíbrio entre o poder destrutivo e a capacidade de manobra	Irrelevante, pois o que conta é o efeito psicológico da ação
Verbo que tipifica o combate	Marchar Manobrar	Destruir	Avançar	Influenciar
Indicadores mensuráveis da vitória	Estandartes, trens e bocas de fogo aprisionadas	Terreno conquistado e "contagem dos corpos" (*body count*)	Quilômetros percorridos por dia dentro do território inimigo	Espaço na mídia e aceitação popular
Comando e controle	Ações centralizadas (planejamento e execução)		Ações descentralizadas	Ações independentes

Atributos decisivos	Ordem e disciplina		Senso de oportunidade e iniciativa	
Exemplos	Guerras Napoleônicas	1ª Guerra Mundial Campanhas aliadas durante a 2ª Guerra Mundial Operações de busca e destruição realizadas pelos EUA no Vietnã	Blitzkrieg alemã durante a 2ª Guerra Mundial Campanhas israelenses em 1956, 1967 e 1973	Atentados da Al-Qaeda em Nova York, Washington, Madri e Londres Combates travados entre as Forças de Defesa de Israel e o Hezbollah no sul do Líbano, no verão de 2006
Personagens e entidades	George Washington Frederico, o Grande Napoleão Bonaparte	Carl von Clausewitz Ferdinand Foch Ludendorff W. Westmoreland	J. F. C. Fuller Liddell Hart Heinz Guderian Erwin Rommel	Al-Qaeda Hezbollah Hamas Farc

Uma vez que a teoria predominante acerca do combate orienta tanto a organização e o preparo das forças armadas quanto o uso concreto do instrumento militar, faz-se necessário reconhecer a importância e as implicações da primazia de determinadas concepções de guerra terrestre ou, digamos, "escolas táticas" dentro do ideário da caserna.

O conceito de guerra de quarta geração possibilita, sobretudo, identificar a existência de padrões gerais de conduta tática significativamente distintos. Cada um desses modelos doutrinários foi tido, dentro de seu respectivo contexto, como a forma mais apropriada de uso da força. Entretanto, o termo "geração" nos remete a uma associação cronológica rígida – algo que dificulta o seu entendimento e foi apontado por muitos críticos como to-

110 A GUERRA NA ERA DA INFORMAÇÃO

talmente falho. Naturalmente, se nos valermos do rigor da lógica cartesiana, as quatro gerações da guerra são plenas de ambiguidades. Por exemplo, o general alemão Hermann Roth comandou um corpo *Panzer* na espetacular campanha da França em maio de 1940 – tida como arquétipo da *Blitzkrieg* alemã (guerra de 3ª geração). Poucos anos depois, como comandante do 4º Exército Panzer na Rússia, Roth desempenhou importante papel nos combates em Stalingrado (uma batalha típica de 2ª geração).

A guerra de quarta geração, propriamente dita, é em sua essência guerra irregular – fenômeno que sempre existiu ao longo da história, embora só tenha sido, de fato, metodologicamente estruturado no século xx. Mas, como vimos no capítulo anterior, a luta contra atores armados não estatais sempre foi estigmatizada pelos soldados profissionais como um estorvo, algo inglório, um desvio temporário e indesejável da verdadeira missão das forças armadas.

A análise da teoria de guerra de quarta geração nos permite concluir que, por 300 anos (dentro do período de tempo considerado), a concepção de vitória, no nível tático, alijava peremptoriamente o eventual uso de meios não militares, sendo a "cosmovisão" dos soldados formatada para o embate campal entre forças regulares antagônicas e nada mais além disso. Embora os exércitos fossem frequentemente requeridos para suprimir revoltas e debelar insurreições, quase sempre se valiam da mesma lógica que norteava a guerra entre Estados, recorrendo, portanto, a expedições punitivas e represálias brutais que invariavelmente atingiam civis inocentes de forma indiscriminada.

Poucos líderes demonstravam compreender as nuances desse tipo de conflito. Eram raros os comandantes, como o marechal de campo Luís Alves de Lima e Silva, que possuíam sensibilidade para perceber que "a única maneira de se acabar com uma insurreição está na remoção das condições econômicas e sociais nocivas que deram origem à revolta".[21] Tampouco, eram dotados de gênio e perspicácia para combinar meios militares e não militares para atingir tal fim.

Uma doutrina robusta e coerente de contrainsurgência só surgiu na década de 1950, durante a campanha inglesa na Malásia. Ainda assim, a ideia de que a guerra não deve ser travada apenas no campo militar ficou restrita, essencialmente, às operações contraguerrilha. Uma visão holística, multidisciplinar e multidimensional das questões de segurança e defesa, como propugnada após o fim da Guerra Fria, jamais foi efetivamente incorporada à teoria da guerra, sobretudo no nível tático.

NOTAS

[1] Henry Kissinger, *Ordem mundial*, Rio de Janeiro, Objetiva, 2015, pp. 11 e 33.

[2] Mariana Moreira e Silva, *O papel da AGU na defesa das forças armadas em sua atuação na garantia da lei e da ordem*, Trabalho de conclusão de curso, Rio de Janeiro, Escola Superior de Guerra, 2016, p. 11.

[3] Eric Hobsbawm, *Globalização, democracia e terrorismo*, São Paulo, Companhia das Letras, 2007, p. 23.

[4] Grace Tanno, "A contribuição da Escola de Copenhagen aos estudos de segurança internacional", em *Contexto internacional*, v. 25, n. 1, jan.-jun. 2003, p. 50.

[5] Ariana Bazzano De Oliveira, *O fim da Guerra Fria e os estudos de Segurança Internacional: o conceito de segurança humana*, em Aurora, ano 3, n. 5, 2009, disponível em <http://www2. marilia.unesp.br/revistas/index.php/aurora/article/view/1221/1088>, acesso em 30 nov. 2015.

[6] Idem.

[7] Bernardo Sorj, *Segurança, segurança humana e América Latina*, em *Sur, Revista Internacional de Direitos Humanos*, v. 2, n. 3, 2005, disponível em <http://www.scielo.br/pdf/sur/v2n3/a04v02n3.pdf >, acesso em 28 nov. 2015.

[8] Idem, p. 2.

[9] Graziene Carneiro de Souza, *Responsabilidade de proteger: regulamentação da intervenção militar no direito internacional*, Saarbrücken, Novas Edições Acadêmicas, 2015, p. 110.

[10] James Stavridis, *Fontes abertas de segurança*, disponível em <www.ted.com/talks/james_stavridis>, acesso em 23 fev. 2017.

[11] Antônio José Oliveira, *Resolução de conflitos: o papel do instrumento militar no atual contexto estratégico – o exemplo do Kosovo*, Lisboa, Esfera do Caos, 2011, pp. 29, 62-3, 65-6 e 93-4.

[12] Mark McNeilly, *Sun Tzu e a arte da guerra moderna*, São Paulo, Record, 2003, pp. 305, 307-8.

[13] Carl Von Clausewitz, *Da guerra*, São Paulo, Martins Fontes, 1979, p. 129.

[14] Samuel Lyman Atwood Marshall, *Homens ou fogo?*, Rio de Janeiro, Bibliex, 2003, p. 69.

[15] J. F. C. Fuller, *A conduta da guerra de 1789 aos nossos dias*, Rio de Janeiro, Bibliex, 1966, pp. 166-7.

[16] William S. Lind, "Compreendendo a guerra de quarta geração", em *Military Review*, jan.-fev. 2005, edição brasileira, p. 13.

[17] Greg Wilcox e G. I. Wilson, "Resposta militar à guerra de quarta geração no Afeganistão", em *Military Review*, 1st Quarter 2004, edição brasileira, pp. 38-9.

[18] William S. Lind, op. cit., p. 17.

[19] Idem, pp. 17 e 14.

[20] Moisés Naím, *O fim do poder: nas salas de diretoria ou nos campos de batalha, em Igrejas ou Estados, por que estar no poder não é mais o que costumava ser?*, São Paulo, LeYa, 2013, pp. 165 e 180.

[21] Bevin Alexander, *A guerra do futuro*, Rio de Janeiro, Bibliex, 1999, p. 166.

De Stalingrado a Fallujah

*Você já se perguntou por que tivemos que
correr para o abrigo quando a promessa
de um admirável mundo novo se
desfraldou sob um limpo céu azul?* [...]
*As chamas já se foram,
mas a dor continua.*
Roger Waters

No final da tarde de 23 de agosto de 1942, os blindados do 2º Regimento, vanguarda da 16ª Divisão Panzer, atingiram a margem ocidental do rio Volga e lá se detiveram. Era um domingo. As guarnições dos carros de combate se puseram de pé sobre seus veículos, a fim de contemplar a paisagem a seu redor. Os homens estavam confiantes e otimistas. Haviam iniciado sua jornada em torno das 4h30 da manhã, partindo de suas posições na margem esquerda do rio Don. Percorreram pouco mais de 70 quilômetros entre os dois rios, sem encontrar muita resistência inimiga. O fogo de canhões antiaéreos soviéticos de 37 mm, utiliza-

114　A GUERRA NA ERA DA INFORMAÇÃO

dos como arma anticarro nos arredores da localidade de Gumrak, não foi suficiente para impedir o avanço dos tanques alemães.

Durante o deslocamento, os soldados puderam observar um grande número de aviões de caça Stuka, além de bombardeiros Junker 88 e Heinkel III, cruzarem os céus rumo ao leste. Eles eram parte das 1.200 aeronaves da 4ª Frota Aérea da Luftwaffe empregadas, naquele dia, para despejar mil toneladas de explosivos sobre Stalingrado e, sistematicamente, reduzi-la a escombros.

Pelas lentes de seus binóculos, as guarnições dos tanques tentavam em vão enxergar o fim das imensas estepes russas. Voltando o olhar para o sul, era possível identificar, ao longe, colunas de fumaça que se erguiam da cidade de Stalin.[1]

No ano anterior, a Wehrmacht perdeu a chance de obter uma vitória decisiva no leste, quando suas tropas foram duramente batidas nas cercanias de Moscou. Ao retomar a iniciativa no *front* oriental, no final de junho de 1942, Hitler decidira priorizar o avanço do Grupo de Exércitos Sul, visando à conquista dos campos petrolíferos do Cáucaso. Nesse contexto, Stalingrado possuía importância, apenas, marginal como objetivo militar.

Entretanto, um mês antes da 16ª Divisão Panzer alcançar as margens do majestoso Volga, o próprio Fürher modificou o planejamento original e determinou a captura definitiva da cidade. Na tarde daquele domingo, 23 de agosto, os castigados 62º e 64º Exércitos soviéticos pareciam que não seriam realmente capazes de defendê-la por muito mais tempo, ante o avanço do 6º Exército alemão e do 4º Exército Panzer. De fato, as estimativas de que a cidade cairia dentro de algumas semanas não eram infundadas.

Mas não foi assim que aconteceu. A resistência e o sacrifício sobre-humanos exigidos dos soldados soviéticos ignoraram a razão, contrariando todos os prognósticos táticos de que seriam brevemente derrotados. Dois meses se passaram e persistiam os renhidos combates "casa a casa" nas ruínas de Stalingrado. Em meados de novembro, o Exército Vermelho, sob o comando do marechal Zhukov, contra-atacou, realizando um grande movimento de pinças. O grosso das forças inimigas – 330 mil homens ao todo – foi envolvido e sistematicamente aniquilado, mediante a compressão progressiva do perímetro da linha de cerco, realizada por sete exércitos de campanha soviéticos. Obviamente, não tardou para que o inverno impiedoso também interviesse na luta em prol da "Mãe Rússia".

Quando o último bolsão de resistência germânico se rendeu, no dia 2 de fevereiro de 1943, a 16ª Divisão Panzer já não existia mais, assim como todo o 6º Exército alemão e boa parte do 4º Exército Panzer, colhidos em uma armadilha mortal que ia de Stalingrado à Kalach nas margens do rio Don. Os 4º e 8º Exércitos romenos e o 8º Exército italiano também foram praticamente destruídos. A vitória de Zhukov representou um ponto de inflexão na Segunda Guerra Mundial e abriu caminho para a queda do III Reich.

A batalha durou pouco mais de cinco meses. Foi a maior derrota sofrida pela Alemanha em toda sua história. A cidade de Stalin sepultou em seus escombros 147.200 soldados alemães. Ao final da batalha, 91 mil homens, dos quais 22 oficiais generais da Wehrmacht, foram feitos prisioneiros. Ao longo da campanha, foram mais de 130 mil militares do Eixo capturados. A grande parte dos soldados alemães e seus aliados (italianos, romenos e húngaros) pereceria no cativeiro e jamais retornaria para casa. Em termos materiais, a Wehrmacht perdeu aproximadamente 3 mil aviões, 3.500 carros de combate, além de 12 mil canhões e morteiros.[2] Os números relativos aos soviéticos também foram exorbitantes: "o Exército Vermelho sofrera um milhão e 100 mil baixas, das quais 485.751 haviam sido fatais".[3] Estima-se, ainda, que 40 mil civis residentes em Stalingrado tenham morrido apenas na primeira semana de bombardeios, antes que as autoridades russas finalmente autorizassem a evacuação da cidade.

Stalingrado foi a maior batalha da História e, sob muitos aspectos, pode ser considerada o arquétipo da guerra na Era Industrial.

Sessenta e um anos mais tarde, no dia 8 de novembro de 2004, forças da coalizão liderada pelos Estados Unidos travaram a segun-

116 A GUERRA NA ERA DA INFORMAÇÃO

da batalha por Fallujah. O lugar tornara-se um enclave de insurgentes e *jihadistas* – dentre eles, o sanguinário líder da Al-Qaeda no Iraque, Abu Musab al-Zarqawi. A tentativa de tomar a cidade alguns meses antes fracassara. Mas, dessa vez, a 1ª Divisão de Fuzileiros Navais, reforçada por tropas do exército, iria "combater casa a casa", até que não restasse mais nenhum foco de resistência inimiga.

A batalha seguiu, didaticamente, as etapas descritas nos manuais de combate urbano. Depois de isolada, a localidade foi submetida a intenso bombardeio aéreo e de artilharia. Em seguida, a infantaria avançou em linha, apoiada de perto por viaturas blindadas Bradley e poderosos tanques Abrams M1A2. Quando detidos pela tenaz oposição dos insurgentes, os soldados recorriam a mísseis filoguiados antitanque TOW ou ao fogo avassalador dos canhões 120 mm instalados nas torres dos carros de combate para pulverizar as defesas do oponente. Eis um breve relato do sargento David Bellavia acerca dos acontecimentos em Fallujah:

> E então os Paladins – obuseiros autopropulsados de 155 mm – soltam seu poder de fogo. Projéteis enormes passam sobre nossas cabeças e explodem dentro da cidade. O solo treme. A Força Aérea e a Marinha mandam ondas de jatos F-16 e F-18. Eles silvam sobre a cidade e lançam bombas guiadas por *laser* e munições de ataque direto guiadas por satélite. O som da detonação pode ser ouvido e sentido, mesmo a distância.

> [...] Todas as armas disponíveis em nosso arsenal estão viradas para Fallujah. O bombardeio de pré-ataque não é brando. Vários jatos soltam suas bombas e mísseis. Warthogs – as grandes e temíveis aeronaves de apoio de fogo aproximado A-10 Thunderbolt II – metralham as avenidas principais da cidade com seus canhões antitanques de 30 mm. Fallujah está coberta por bombas, encoberta por fumaça. Edifícios entram em colapso. Minas detonam. A artilharia ruge.

> [...] O bombardeio de pré-ataque transformou esta parte da cidade num holocausto de destroços retorcidos, prédios mutilados e veículos quebrados.[4]

Guardada as devidas proporções, em termos táticos, os combates em Fallujah obedeceram à mesma lógica da Batalha de Stalingrado. A questão central, porém, é que, se no início da década de 1940 essa forma de luta, por si só, preservava sua coerência, mantendo-se alinhada com a estratégia e com a política, hoje isso já não acontece mais. Vejamos por quê...

FRAGMENTAÇÃO DAS AMEAÇAS

Os conflitos da Era Industrial tinham por premissa o ideal vestfaliano do controle exclusivo do Estado sobre a aplicação da legítima força coercitiva. Embora caiba destacar que esse pretenso "monopólio da violência" jamais tenha sido, de fato, algo incontestável e absoluto, o protagonismo nos campos de batalha recaía naturalmente sobre as forças armadas regulares do Estado-nação.

Os cenários eram, quase sempre, previsíveis e elaborados segundo um número restrito e pré-definido de ameaças – majoritariamente estatais. Com isso, o planejamento militar podia se dar ao luxo de se basear em hipóteses de emprego muito claras, visando a fazer frente a inimigos específicos.

A França, por exemplo, lutou contra a Alemanha em 1870 e em 1914. Quando os canhões se silenciaram em novembro de 1918, não existiam dúvidas acerca de onde seria a próxima contenda e contra quem ela se daria. Não foi por acaso que o ministro da guerra André Maginot voltou sua atenção para a região da Alsácia-Lorena, idealizando o complexo de fortificações que recebeu seu nome, a fim de se antepor à ameaça perene que habitava a margem oposta do rio Reno. Em setembro de 1939, franceses e alemães já estavam novamente em guerra.

Nesse contexto, a prévia ocupação geográfica e o desdobramento permanente de forças, com pré-posicionamento de tropas, tornaram-se uma opção estrategicamente plausível. No final dos

118 A GUERRA NA ERA DA INFORMAÇÃO

anos 1980, por exemplo, os Estados Unidos mantinham cerca de 250 mil militares na Alemanha Ocidental, para fazer frente aos 300 mil soldados soviéticos acantonados do outro lado do Muro de Berlim.[5]

Na Era da Informação, o pretenso monopólio do Estado sobre a aplicação da força coercitiva foi rompido, levando a uma maior fragmentação das ameaças e permitindo a intensa atuação de atores armados não estatais. Ameaças híbridas – como o Hezbollah, organização militar xiita libanesa, por exemplo – combinam capacidades típicas do combate convencional e da guerra irregular, adquirindo importância crescente nos níveis local, regional e internacional. Nesse ambiente de incertezas e configuração difusa, constata-se a existência de cenários com menor grau de previsibilidade. Assim sendo, consolida-se a tendência de que os estrategistas militares, de um modo geral, abram mão de hipóteses de emprego específicas e passem a fundamentar o preparo de suas forças armadas na composição de capacidades gerais, optando pelo chamado "planejamento baseado em capacidades".

Como não se sabe ao certo onde e contra quem os soldados serão chamados a lutar, faz-se necessário dotar as organizações militares de flexibilidade e mobilidade estratégica que lhes permitam atender a contingências específicas e situações de crise localizadas, por meio do pronto desdobramento de forças e da rápida projeção de poder.

A guerra na "Idade do Aço" se caracterizava pelo confronto entre identidades nacionais, moldado por interesses políticos e econômicos. Em termos práticos, o conflito armado era visto, tão somente, como mero recurso da política do Estado-nação, na estrita acepção de Clausewitz. E, como fenômeno político, a guerra se limitava basicamente à combinação entre diplomacia coercitiva e aplicação do poderio bélico convencional.

Nos conflitos pós-industriais, embora os governos nacionais não tenham abdicado da *raison d'État*, chama a atenção o número cada vez maior de confrontos entre identidades culturais locais, moldados por aspectos políticos, econômicos, sociais e ambientais. Ou seja, a guerra deixa de ser entendida, apenas, como fenômeno político e passa a ser interpretada também como um fenômeno socioambiental, uma vez que a pressão demográfica, a degradação do espaço físico e a crescente escassez de recursos tornaram-se fontes perenes de instabilidade e insegurança.

Na Era Industrial, uma vez esgotadas as alternativas diplomáticas, observava-se a primazia das ações no campo militar, complementadas por pressões políticas e embargos econômicos. Ações em outros campos do poder nacional, eram orientadas essencialmente para a mobilização da estrutura militar de guerra, obedecendo uma lógica cartesiana, linear e mecanicista.

Já na Era da Informação, tem-se uma grande multiplicidade de meios – militares e não militares – empregados na condução da guerra, com ênfase em ações nos campos político, econômico e psicossocial, em detrimento dos esforços no campo militar. Isto é, a resolução de conflitos adquiriu um conceito mais amplo e complexo, de caráter permanente, sistêmico e multidimensional, que transcende a esfera militar, caracterizando maior interdependência entre todos os campos do poder nacional para moldar o ambiente, a fim de evitar a deflagração ou o agravamento de eventuais crises. Ações que até então eram centradas no emprego das forças armadas, passaram a envolver também a participação de outras agências do Estado, a sofrer ingerência de organismos internacionais e, frequentemente, a contar com a colaboração de organizações não governamentais. A isso se soma a onipresença da mídia e o assédio de instituições humanitárias.

Na Era Industrial, guerras interestatais eram mais comuns e sua dinâmica se baseava na simetria do poder de combate entre as partes beligerantes, atribuindo maior ênfase aos conflitos regulares. Entretanto, na Era da Informação, é possível observar uma enorme incidência de conflitos irregulares assimétricos intraestatais com significativa propensão a se internacionalizarem.

Estruturas verticalmente hierarquizadas deram lugar a uma profusão de atores, com motivações notadamente distintas (Figura 1). Redes formais e informais, de amplitude transnacional, compõem um mosaico de interesses e antagonismos interconectados e interdependentes, abrangendo governos legítimos, partidos políticos legalmente reconhecidos, organizações não governamentais, movimentos sociais, instituições filantrópicas, companhias militares privadas, grupos de guerrilha, organizações terroristas, facções criminosas, quadrilhas armadas, entre outros.

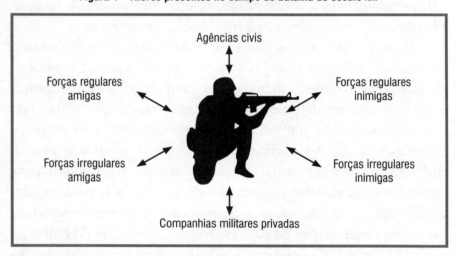

Figura 1 – Atores presentes no campo de batalha do século XXI

Diante dessa realidade, até mesmo a forma tradicional de pensar e planejar a guerra tornou-se antiquada. Pois, ao longo do tempo, os soldados consagraram o uso do método cartesiano para a análise e a resolução de problemas militares, incluindo a formulação doutrinária e o pensamento estratégico. Isso pressupõe racionalidade objetiva e se baseia, em tese, em um modelo linear organizado em etapas, gerando uma linha de ação específica, sendo útil para a análise de questões que exibam estabilidade e sejam sustentadas por premissas de racionalidade.[6] Entretanto, os ambientes voláteis, incertos e ambíguos, que caracterizam os cenários pós-industriais do século XXI, não permitem uma abordagem tão simplista. Atualmente, um grande número de fatores não militares tem interferido e, não raro, inviabilizado o tradicional processo decisório calcado, apenas, no estudo do terreno, do inimigo e das condições meteorológicas. Por esse motivo, ferramentas de pensamento complexo foram recentemente incorporadas à metodologia de planejamento tático, operacional e estratégico visando a proporcionar coerência sistêmica ao uso do instrumento militar.

AS TRÊS DIMENSÕES DA GUERRA NA ERA DA INFORMAÇÃO

Quando o armistício que pôs fim à Primeira Guerra Mundial foi assinado em 11 de novembro de 1918, o exército imperial alemão ainda se encontrava lutando no exterior. Ou seja, embora a Alemanha estivesse, de fato, militarmente derrotada, seu território não fora violado – exceto por uma estreita faixa de terra nas montanhas dos Vosges, na região da Alsácia. Entretanto, a nação encontrava-se completamente exaurida por anos de esforço de guerra. A base industrial do país havia sido, direta e indiretamente, empenhada na produção bélica, enquanto gêneros agrícolas eram requeridos para prover o abastecimento dos grandes exércitos no campo de batalha. Ademais, o bloqueio naval imposto pela Grã-Bretanha, desde 1914, trouxe a fome que se abateu sobre a população civil, impondo-lhe um quadro de grave penúria. Com a economia arruinada e com suas reservas de recursos humanos esgotadas em face das perdas que se acumulavam no *front*, a coesão nacional deu lugar à agitação política. Diante de tudo isso, o moral da nação finalmente ruiu, pondo termo ao conflito.

Nesse contexto, um general italiano chamado Giulio Douhet concluiu que o povo tornara-se o verdadeiro centro de gravidade da guerra na Era Industrial, passando a propugnar o ataque à população civil. Douhet foi um dos principais ideólogos do poder

122 A GUERRA NA ERA DA INFORMAÇÃO

aéreo militar. Em 1921, publicou *Il domino dell'aria* (*O domínio do ar*, em tradução livre), no qual advogava o protagonismo de uma força aérea poderosa, atuando de forma independente e dissociada das operações terrestres e navais. Para ele, o objetivo precípuo da aviação militar deveria ser o ataque aos centros urbanos e a base industrial do país inimigo, fazendo sua população se curvar diante da destruição promovida por robustas frotas aéreas:

> [...] a guerra será travada essencialmente contra as populações desarmadas das cidades e dos grandes centros industriais.
>
> [...] os golpes decisivos serão dirigidos contra os civis, contra os elementos dos países em guerra menos capazes de resisti-los.[7]

Douhet tornou-se o responsável pelo conceito de *bombardeio estratégico*, largamente empregado durante a Segunda Guerra Mundial, tanto na Europa quanto na Ásia. O marechal do ar *sir* Hugh Trenchard, patrono da Royal Air Force (RAF), converteu-se em um dos mais destacados discípulos do general italiano. A chamada "doutrina Trenchard" preconizava que a essência da guerra aérea era o bombardeio a centros urbanos.[8] De acordo com o pesquisador Jörg Friedrich:

> O ataque a quarteirões civis deveria abreviar a guerra; por incidir sobre a vontade de lutar, essa estratégia foi chamada de "bombardeio moral". Civis não constituem alvos militares, mas quando fabricam material militar e residem nas proximidades das áreas de produção, o enfoque é outro. Na guerra entre nações industrializadas, toda indústria é indústria bélica; quem mora e trabalha ao seu redor também participa da guerra, produzindo armas e consciências bélicas. O bombardeio estratégico considera que as áreas ocupadas por essas fontes de poderio bélico constituem campos de batalha recuados. Isso diz respeito tanto às superfícies, quanto aos domicílios. Entre 1940 e 1943, desenvolveu-se a ideia da aniquilação de espaços terrestres a partir do ar, assim eliminando os meios e a vontade necessários à continuidade da guerra.[9]

DE STALINGRADO A FALLUJAH **123**

Durante a Segunda Guerra Mundial, os aliados despejaram mais de um milhão de toneladas de bombas sobre zonas urbanas da Alemanha nazista: Hamburgo, Dortmund, Dresden, Pforzheim, Darmstadt, Krefeld, Kassel e dezenas de outras cidades foram arrasadas por ondas de bombardeios Lancaster, B-24 Liberator e Fortalezas Voadoras B-17. Os ataques aéreos vitimaram mais de um milhão de civis alemães, dos quais cerca de 300 mil morreram. Quando Hiroshima e Nagasaki foram pulverizadas por explosões atômicas, no início de agosto de 1945, a única novidade foi o emprego de uma única aeronave, lançando uma única bomba. A concepção destrutiva do bombardeio estratégico foi rigorosamente a mesma que já vinha sendo impiedosamente praticada havia anos, desde o bombardeio de Guernica pela Luftwaffe, em 1937, durante a Guerra Civil Espanhola.

Convém destacar que a população desarmada tornara-se alvo não apenas dos aviões militares. A destruição indiscriminada causada pelos exércitos, o genocídio e as severas privações do tempo de guerra fizeram com que morressem mais civis do que soldados entre os anos de 1939 e 1945.

Ainda assim, os estrategistas militares permaneceram obcecados pelo poderio aéreo, sobretudo depois do advento das armas nucleares. A corrida atômica que se seguiu ao fim da Segunda Guerra Mundial representou a aceitação incondicional de que os centros urbanos, com seus habitantes e suas fábricas, eram alvos legítimos e prioritários da guerra na Era Industrial. As ideias de Douhet e Trenchard haviam prevalecido.

Isso porque, na Era Industrial, atribuía-se maior ênfase à aplicação do poderio bélico para eliminar a capacidade militar do inimigo, especialmente, por meio da destruição de suas forças armadas. O que, realmente, definia a vitória era o choque de forças em uma luta travada na dimensão física do campo de batalha – fossem os combates disputados no ar, no mar ou em terra. A apologia cega às teorias de Clausewitz levou à paranoia da guerra absoluta e da batalha decisiva. Operações ofensivas e defensivas em larga escala produziam

124 A GUERRA NA ERA DA INFORMAÇÃO

longas e cruentas batalhas de atrito, enquanto a economia de guerra e a mobilização nacional exauriam os recursos do país.

Intensas campanhas de propaganda antecediam os conflitos armados e permitiam ao Estado mobilizar a opinião pública interna, proporcionando a coesão nacional necessária para levar adiante o esforço de guerra. Joseph Goebbels, o famoso ministro da propaganda de Hitler, que personificou o poder demagógico capaz de inflamar e manipular o medo, o ressentimento, os preconceitos e as mais sórdidas paixões populares, visando a alcançar um fim político específico, afirmou:

> Nós não falamos para dizer alguma coisa, mas para obter certo efeito. A essência da propaganda é ganhar as pessoas para uma ideia de forma tão sincera, com tal vitalidade, que, no final, elas sucumbam a essa ideia completamente, de modo a nunca mais escaparem dela. A propaganda quer impregnar as pessoas com suas ideias. É claro que a propaganda tem um propósito. Contudo, este deve ser tão inteligente e virtuosamente escondido que aqueles que venham a ser influenciados por tal propósito nem o percebam. [...] A propaganda jamais apela à razão, mas sempre à emoção e ao instinto.[10]

Enquanto o Estado manteve hegemônico seu poder de influência sobre as massas, não foi difícil assegurar o engajamento popular no esforço bélico nacional. Mas, com os avanços incontidos das ciências da informação, essa realidade não se sustentou por muito mais tempo, sobretudo, nos regimes democráticos.

Entre março de 1965 e novembro de 1968, os Estados Unidos realizaram a operação Rolling Thunder, uma campanha de bombardeio estratégico responsável por lançar um total de 860 mil toneladas de bombas sobre o Vietnã do Norte – ainda que o país não fosse uma nação industrializada. Porém, as imagens televisivas do flagelo da guerra castigando civis inocentes impactaram profundamente a opinião pública norte-americana, levando o governo de Washington à perda definitiva do apoio político interno. A atuação decisiva da mídia, durante o conflito no sudeste asiático, constituiu um ponto de inflexão no pensamento estratégico. A partir de então, a postura e a percepção da opinião pública passaram a desempenhar um papel crucial na vitória militar.

Essa tendência foi reforçada pelo desenvolvimento de comunicações globais. A perda quase absoluta do controle estatal sobre os meios de comunicação de massa, bem como o acesso irrestrito à informação digital, hoje, limitam a capacidade governamental de moldar a opinião pública interna, enfraquecendo a vontade e a coesão nacionais. Além disso, o efeito imprevisível de mídias sociais virtuais foge ao controle, até mesmo, das grandes agências de notícias, representando uma fonte paralela e autônoma de poder informacional.

Assim sendo, o bombardeio indiscriminado de civis tornou-se contraproducente, por atrair a ríspida censura da opinião pública e a reprovação da comunidade internacional. É fato que os aperfeiçoamentos introduzidos nos sistemas de pontaria e as ditas "armas inteligentes" propiciaram o surgimento de "ataques cirúrgicos", mas cabe ressaltar que a verdadeira diferença entre os bombardeios de Dresden (1945) e Bagdá (2003) foi de ordem conceitual e não de natureza tecnológica.

Para o general inglês *sir* Rupert Smith, neste novo ambiente de conflito, as forças beligerantes passaram a digladiarem-se entre o povo, a fim de cooptar-lhe seu apoio e o de seus líderes. Ou seja, se Douhet acreditava que a população civil era um alvo legítimo passível de ser brutalmente atacado, Smith advoga justamente o contrário, isto é, nos conflitos pós-industriais, a conquista da vontade do povo se tornou o verdadeiro objetivo estratégico das operações militares. De acordo com o oficial britânico:

> Conquistar a vontade do povo é um conceito muito claro e elementar, mas é incompreendido ou ignorado pelas instituições políticas e militares de todo o mundo. Os políticos continuam a aplicar a força [bélica] para chegarem a uma condição, no pressuposto de que os militares a criarão e a manterão. E embora os

126 A GUERRA NA ERA DA INFORMAÇÃO

militares compreendam, desde há muitos anos, a necessidade de conquistar os "corações e mentes" das populações locais, esta atividade ainda é vista como de apoio à derrota de insurretos e não do [ponto de vista do] objetivo global e, muitas vezes, recebe recursos insuficientes e restringe-se a medidas de baixo nível para melhorar localmente as condições e sorte do povo.[11]

Torna-se imperativo, portanto, reconhecer que o campo de batalha, na Era da Informação, não se restringe apenas à sua dimensão física, pois incorpora também uma dimensão humana e outra informacional (Figura 2). Na verdade, a disputa travada no âmbito dessas duas últimas dimensões tem se sobreposto, em importância, ao tradicional enfrentamento no domínio físico.

Figura 2 – Dimensões que compõem o ambiente de conflito do século XXI

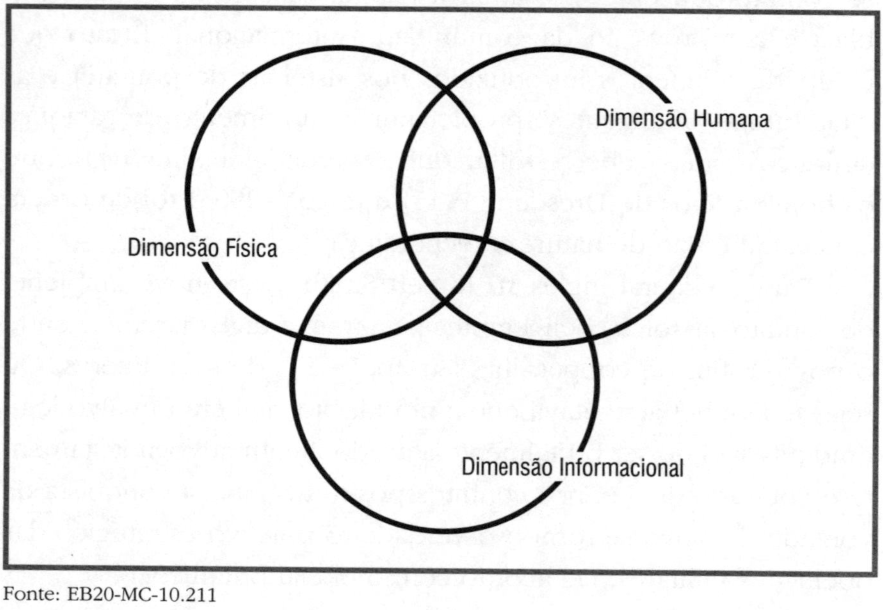

Fonte: EB20-MC-10.211

Ao contrário dos conflitos armados ocorridos durante a "Idade do Aço", cujos resultados finais foram obtidos, em geral, por meio do embate das forças armadas no campo de batalha; nas guerras pós-industriais, a vitória tem sido alcançada basicamente no ambiente informacional, de acordo com a percepção da opinião pública acerca dos fatos e dos pormenores que os cercam.

Dessa forma, operações de combate ofensivas e defensivas limitadas devem estar intimamente associadas a intensas campanhas de comunicação estratégica e serem conduzidas simultaneamente a operações de estabilidade e apoio, contrainsurgências, ações de assistência humanitária e medidas de garantia da lei e da ordem. Não é mais possível, tampouco prudente, segregar a forma usual de emprego do instrumento militar (*"operações de guerra"*) daquelas missões que, embora requeiram o envolvimento direto de tropas, por força das circunstâncias, impõem o uso restrito do poderio bélico (*"operações de não guerra"*). Afinal, se o cenário é complexo, sua compreensão deve ser, necessariamente, holística, privilegiando abordagens integradas e soluções multidisciplinares.

LIÇÕES DA BATALHA DE AZINCOURT APLICADAS À GUERRA DO SÉCULO XXI

Ao admitirmos que o ambiente de conflito do século XXI é composto de três dimensões, devemos ter claro entendimento acerca de "onde" nossos exércitos irão lutar e do tipo de combate que os espera, sob pena de deixarmos nossos soldados serem inadvertidamente atraídos para um "terreno" extremamente desvantajoso, no qual o emprego de métodos ortodoxos de beligerância, ainda que bem aplicados taticamente, nos condene à derrota nos níveis político e estratégico. Nesse sentido, um breve olhar sobre a Batalha de Azincourt, travada na Idade Média, durante a Guerra dos Cem Anos, pode ser bastante elucidativo.

Em 1415, o Exército francês marchou para o norte do país, a fim de interceptar as tropas inglesas que se deslocavam da Normandia, sob o comando do rei Henrique V, com destino à região de Calais. Perfazendo um total de 20 mil homens, os franceses

128   A GUERRA NA ERA DA INFORMAÇÃO

contavam com o dobro do efetivo de seus oponentes. Além da vantagem numérica, dispunham de soldados de qualidade superior, sobretudo, graças à sua cavalaria pesada. Diante de tais circunstâncias, a vitória lhes era tida como certa. Porém, cometeram o grave equívoco de permitir que o rei inglês escolhesse o campo de batalha. Os dois exércitos se encontraram, na manhã do dia 25 de outubro (dia de São Crispim), a 500 metros de Azincourt – uma pequena vila situada próxima à cidade de Arras.

Henrique v fez uso judicioso do terreno, dispondo seus homens em um pequeno campo arado, circundado por bosques e cortado por um modesto filete d'água. O espaço restrito obrigava os franceses a adotarem uma formação compacta que dissociava os infantes da cavalaria. A vegetação densa ao redor impedia manobras desbordantes pelos flancos. Os sulcos do lavrado eram como pequenos obstáculos, tornando o terreno inapropriado para uma carga frontal montada, pois quebrava o ímpeto da cavalaria. Ademais, a chuva, que caíra na noite anterior, se prolongou durante aquela manhã, transformando o campo de batalha em um grande lodaçal. Dessa forma, o rei inglês conseguiu neutralizar toda vantagem qualitativa e quantitativa com que seu inimigo contava no início da refrega. A escolha correta do campo de batalha também lhe permitiu maximizar suas próprias capacidades. A virtude de seu exército residia nos arqueiros longos, os quais foram dispostos, barricados atrás de estacas de madeira, à frente e nos flancos de sua tropa, permitindo-lhes engajar os franceses dentro do alcance máximo de utilização de suas armas.

Embora poucos pudessem acreditar em uma vitória inglesa diante da disparidade entre o poder relativo de combate de ambos os contendores, Henrique v infligiu dura derrota aos franceses:

> As primeiras fileiras francesas recuam, portanto, e são empurradas por sua retaguarda. Os soldados se pisoteiam, os cavalos se transtornam, os cavaleiros franceses, desmontados, se embaraçam com suas pesadas armaduras – a confusão é total. Os

DE STALINGRADO A FALLUJAH **129**

> soldados de infantaria ingleses degolam então os cavaleiros praticamente imobilizados no chão [enlameado]. O campo de batalha está juncado de moribundos.
>
> [...] A questão é rapidamente concluída. Seu balanço é pesado: do lado inglês 1.500 homens pereceram, mas são 5.000 franceses, no mínimo, que foram mortos. Azincourt faz parte dos grandes dramas da história da França.[12]

A surpreendente vitória inglesa no dia de São Crispim, imortalizada nos versos de Shakespeare, tornou-se uma lição primorosa de tática, demonstrando como um comandante habilidoso, diante de um inimigo mais forte, pode fazer uso do terreno e das condições meteorológicas para reverter um quadro que lhe é desfavorável. Mas como o exemplo de Azincourt se aplica à guerra na Era da Informação?

A resposta é simples: poderosas forças armadas, concebidas para alcançar a vitória tática na dimensão física da guerra, têm se deixado atrair por inimigos mais fracos para lutarem as principais batalhas nas dimensões humana e informacional. Inaptas para esse tipo paradoxal de combate, as tropas regulares têm sofrido repetidos reveses. O episódio envolvendo as Forças de Defesa de Israel (FDI) e a autodenominada "flotilha da paz" ilustra muito bem esta realidade.

No dia 31 de maio de 2010, soldados israelenses da unidade de elite Shayetet 13 interceptaram, em águas internacionais, uma pequena flotilha que pretendia furar o bloqueio naval imposto por Israel e levar ajuda humanitária à cidade palestina de Gaza. Essa iniciativa foi encabeçada pela ONG turca Insani Yardim Vakfi (Fundo Humanitário de Ajuda – IHH).

O IHH fora criado, em meio à violência sectária na antiga Iugoslávia, com o propósito de apoiar a luta de muçulmanos bósnios contra cristãos sérvios. Acusada de possuir ligações com a Al-Qaeda, a organização foi proscrita de muitos países, incluindo Estados Unidos, Alemanha e Israel.[13]

A nau capitânia Mavi Marmara possuía 93 metros de comprimento e 19 metros de altura. Transportava ao todo 630 passageiros, quando os comandos israelenses tomaram-na de assalto. Ao desembarcarem de seus helicópteros, os soldados foram brutalmente hostilizados pelos ativistas a bordo. Como resultado, nove militantes turcos morreram. De imediato, a opinião pública e a comunidade internacional condenaram com veemência o uso da força por Israel. Governos e agências de notícias ao redor de todo planeta vociferaram implacavelmente contra as supostas violações dos direitos humanos perpetradas pelas FDI.

Na verdade, o bloqueio naval tinha por propósito coibir o tráfico de armas que abastecia as organizações de luta armada palestinas. Entre 2001 e 2008, foram disparados da Faixa de Gaza um total de 8.184 foguetes e morteiros contra o território israelense – o que motivou as FDI a desenvolverem seu escudo antimísseis Iron Dome. Em junho de 2002, a Marinha israelense capturou o navio Karine A, que transportava 50 toneladas de armas, incluindo mísseis e minas antitanque, além de foguetes Katyusha de 122 mm e 107 mm, com alcance de 20 e 8 quilômetros, respectivamente.[14] De acordo com o cientista político Jorge Zaverucha:

> [...] a flotilha foi rotulada como uma tentativa de levar ajuda humanitária aos habitantes da Faixa de Gaza por meio de pacifistas indefesos. A flotilha não navegou pela paz, e sim para a guerra. Uma guerra midiática em que Israel seria, de antemão, o perdedor.
>
> [...] A "Flotilha da Paz" foi uma ação muito bem organizada e contou com suporte político da Turquia. Seus idealizadores tinham intelectualmente a quem seguir e souberam explorar com destreza a parcialidade da mídia internacional contra Israel.
>
> [...] A tomada militar da flotilha pelo comando naval israelense (Shayetet 13) não pode ser considerada um fracasso, sob o ponto de vista estratégico-militar. O controle militar sobre os seis navios foi implantado e eles foram levados para o porto israelense de Ashdod. A ajuda humanitária, desembarcada e transferida para Gaza por via terrestre. Militarmente, o bloqueio naval continuou em vigor, ou seja, o *status quo ante* foi mantido.

DE STALINGRADO A FALLUJAH **131**

Não obstante, foi um fiasco sob o ponto de vista de relações públicas. A morte de nove militantes reforçou a imagem do todo-poderoso israelense contra o indefeso palestino. Exatamente a imagem que os inimigos de Israel querem difundir mundo afora.

Contribuiu para isso a falha das forças armadas de Israel, que mostraram não ter percebido que a vitória política é tão importante quanto o sucesso militar. A tomada da flotilha foi finalizada em torno das cinco da manhã. As imagens do fato liberadas por Israel, todavia, só foram ao ar às 19 horas. Um claro erro de relações públicas. Por conta disso, foram 14 horas de campanha midiática anti-Israel realizada ao longo do planeta. Só então é que o mundo pôde ver que alguns dos "pacifistas" que lideravam a flotilha eram na verdade bem treinados militantes políticos. Os inimigos de Israel estão conduzindo uma clássica ofensiva de relações públicas.

[...] o uso da força, mesmo sendo legal, enseja repercussões nem sempre positivas sob o ponto de vista estratégico.[15]

Devemos nos perguntar o que teria acontecido se a flotilha tivesse sido bem-sucedida em seu intento tático de ludibriar o bloqueio naval israelense e atingisse Gaza. A resposta é desconcertante: nada! Nada teria acontecido. Ou seja, seu retumbante êxito político e estratégico, alcançado no ambiente informacional, dependia essencialmente do premeditado malogro tático na dimensão física. Esse tipo de paradoxo tem se mostrado incompatível com a tradicional lógica dos soldados.

De fato, o conflito árabe-israelense tem se revelado, ao longo das últimas décadas, pródigo em ensinamentos acerca da dicotomia que persiste entre as três dimensões (física, humana e informacional). Dessa forma, é recomendável que nos atenhamos um pouco mais no estudo do *modus operandi* dos inimigos do Estado judaico.

O Partido de Deus, ou Hezbollah, é uma organização fundamentalista xiita, fundada por Abbas Musawi durante a guerra civil libanesa (1975-1983). Sob a orientação espiritual de Mohammed

Hussein Fadlallah e a liderança carismática de Sayyed Hassan Nasrallah e Imad Fayez Mughniyah, o Hezbollah desempenhou destacado papel na luta contra a permanência de forças israelenses no sul do país, iniciada em 1982 – fato que lhe conferiu grande prestígio em todo o mundo muçulmano. Quando o governo de Israel determinou a retirada de suas tropas, em maio de 2000, a desocupação militar que se seguiu foi vista como uma vitória inédita da tenaz resistência movida pelo Hezbollah. Na visão dos muçulmanos, o Partido de Deus alcançou, por meio da guerra irregular, aquilo que nenhum exército nacional ou outra organização militante do mundo islâmico fora capaz de realizar, até então. Pela primeira vez, desde 1948, os árabes conseguiram forçar os israelenses a cederem território. Após a retirada das FDI, o Hezbollah não declinou da luta armada, mas reestruturou-se como um partido político legítimo, conquistando assentos no parlamento e vencendo 60% das eleições municipais no sul do país. A organização dispõe de uma vasta rede de serviços sociais e possui, ainda, a emissora de televisão al-Manar (o farol). Por tudo isso, o Hezbollah conta com o sólido apoio da população xiita – a maior do Líbano. A colaboração formal dos governos da Síria e do Irã, além de apoio político e fundos, lhe assegura também farto suprimento de material bélico, o que inclui mísseis e foguetes de curto e médio alcances, como artefatos dos modelos Arash, Oghab, Fadjr e Shahin, cujos raios de ação variam entre 18 e 75 quilômetros. Com esse arsenal, o Hezbollah tem fustigado alvos civis em território israelense.

O Movimento da Resistência Islâmica (Harakat Muqawama Islamiya), ou simplesmente Hamas, é a maior e mais influente organização fundamentalista palestina. Sua origem remonta ao ano de 1946, com a criação, em Gaza, de uma filial palestina da Irmandade Muçulmana. Ainda sem a atual denominação, o movimento sunita desenvolveu um trabalho lento, porém contínuo e metódico, de instrução dogmática e assistência social. Em 1973, com o propósito de coordenar suas atividades políticas, foi criado, pelo famoso xeique paraplégico Ahmed Yassin, o Centro Islâmico que viabilizou, ao longo da década de 1970, a expansão de seus quadros e de sua infraestrutura, levando-a também à Cisjordânia. Nos seis anos seguintes, foram gerados mecanismos de ação e realizada a preparação para a luta armada. Com a eclosão da primeira *intifada* em dezembro de 1987, "surgiu" formalmente o Hamas. Em janeiro de 2006, a organização sagrou-se vencedora nas eleições para o Conselho Legislativo Palestino, derrotando os nacionalistas da Fatah.

Os métodos aplicados tanto pelo Hezbollah quanto pelo Hamas na guerra contra Israel permitem a reflexão acerca da complexidade dos conflitos no século XXI. A notável proficiência das FDI e a ênfase atribuída pelos israelenses ao emprego de seu poderio bélico convencional contribuem para que ambas as organizações militantes priorizem suas ações nas dimensões humana e informacional, em detrimento dos esforços na dimensão física – onde Israel é incontestavelmente superior. Dessa forma, buscam obter a adesão à luta armada de palestinos e xiitas libaneses. Especialmente no caso da população palestina, os campos de refugiados na Cisjordânia, na Faixa de Gaza e no sul do Líbano representam solos férteis, permeáveis ao proselitismo radical, onde germinam as sementes da violência que se perpetua por décadas a fio de forma ininterrupta.

Dentro desse contexto, tanto o Hamas quanto Hezbollah têm se notabilizado pelos êxitos alcançados junto às suas respectivas bases de apoio popular. Distinguem-se, por exemplo, de organizações como a *jihad* Islâmica Palestina, cuja política está calcada, quase exclusivamente, em ações armadas. A linha de persuasão adotada pelo Hamas e pelo Hezbollah fundamenta-se no intenso uso de ataques idiossincráticos contra Israel combinados com a ideia de "reformar as almas e iluminar as mentes"[16] dos muçulmanos, restituindo-lhes a esperança por meio da restauração da fé islâmica. De acordo com Khaled Hroub, para quem o trabalho social do Hamas constitui seu recurso estratégico mais valioso:

134   A GUERRA NA ERA DA INFORMAÇÃO

Aos olhos palestinos, o Hamas tem conseguido traçar um caminho paralelo e harmonioso tanto em relação ao confronto militar contra a ocupação israelense quanto aos trabalhos sociais voltados para as camadas mais desfavorecidas, mobilização religiosa e ideológica e relações públicas com outros Estados e movimentos.

[...] Os trabalhos realizados nas camadas menos favorecidas sempre foram a principal característica do Hamas. Seu crescimento incontrolável nos últimos 20 anos e subsequente triunfo sobre as facções palestinas são atribuídos ao seu sucesso no trabalho social. Esse trabalho se caracteriza por oferecer a educação, saúde e serviços de assistência social estruturados e auxílio aos pobres. Por intermédio de poderosas e abrangentes redes de caridade – mesquitas, sindicatos, escolas, clubes esportivos – a assistência e proteção do Hamas às pessoas carentes têm sido experimentadas pessoalmente por centenas de milhares de palestinos. O oferecimento desses serviços também foi marcado pela honestidade e transparência, que igualmente sempre foi comparado com o desempenho corrupto das outras principais facções palestinas, particularmente a *Fatah*, que controlou a Autoridade Palestina desde 1994. A popularidade do Hamas e sua vitória nas eleições de 2006 são ao menos parcialmente uma consequência de sua constante dedicação em ajudar a população carente.[17]

O pragmatismo demonstrado pelos líderes do Hamas e do Hezbollah os obriga a levar em conta os resultados psicológicos de suas ações políticas, sociais e militares, produzindo uma abordagem da guerra, não como mero evento político na estrita acepção ocidental, mas, de forma mais abrangente, como fenômeno sociocultural – descrito pelo ideólogo Sayyid Qutb, da Irmandade Muçulmana, como "guerra santa". Observa-se, por exemplo, que suas operações de martírio (um eufemismo para atentados suicidas) não são aleatórias. Ao contrário, são criteriosamente concebidas e executadas com vistas a proporcionar um impacto psicológico muito maior que seus danos físicos imediatos. Para o capitão Daniel Helmer, do Exército dos Estados Unidos:

DE STALINGRADO A FALLUJAH **135**

> As pessoas do Ocidente continuaram a considerar esses eventos como evidência de um fanatismo islâmico sem propósito. Contudo, a decisão do Hezbollah de utilizar ataques suicidas foi tudo, menos irracional... Os líderes do Hezbollah identificaram cedo as metas políticas que queriam realizar no Líbano.

> [...] O Hezbollah empregou os homens-bomba em uma série limitada de circunstâncias onde planejou tirar mais vantagens. Frequentemente, o uso judicioso da tática evidentemente resultou na consecução bem-sucedida das metas político-militares.

> [...] O Hezbollah transformou a imagem dos ataques suicidas em paradigmas de resistência... Os profícuos louvores recebidos pelos mártires... inspiraram o reconhecimento internacional do Hezbollah como a resistência legítima do Líbano... Esse tipo de ataque transformou-se em uma ferramenta eficaz de propaganda, se tornou o símbolo que definiu um movimento e aqueles que apoiavam suas metas, legitimou os membros do Hezbollah como os representantes da resistência.[18]

Na Palestina, produtos que fazem apologia ao martírio, criados especificamente para o público infantil, somam-se à ausência de perspectivas que impera no seio da população carente e à destruição que se segue aos frequentes embates com as FDI. Dessa forma, crianças são ornadas de homens-bomba para o regozijo de seus próprios pais, que almejam, algum dia, vê-las martirizadas nas fileiras da Izzedin al-Qassam – a ala militar do Hamas.

A competência para identificar oportunidades de difundir mensagens e ideias-forças, explorando-as com maestria, também pode ser ilustrada pelo ataque de foguetes que se seguiu ao término da intervenção israelense no Líbano no verão de 2006. Naquela ocasião, as FDI lançaram uma ofensiva com o propósito explícito de desmantelar a estrutura militar do Hezbollah, destruindo o poderoso arsenal da organização xiita de Hassan Nasrallah. Quando a resolução 1701 do Conselho de Segurança das Nações Unidas estabeleceu um cessar-fogo e determinou a retirada do contingente israelense do território libanês (aproximadamente 10.000 homens),

136 A GUERRA NA ERA DA INFORMAÇÃO

o Hezbollah desferiu um derradeiro ataque de foguetes contra o solo de Israel. Seu efeito destrutivo e, por conseguinte, seus resultados táticos foram pífios. Entretanto, sua mensagem clara e inequívoca ecoou por todo mundo muçulmano, alcançando objetivos psicológicos no nível estratégico: se a guerra tinha por meta impor uma derrota militar ao Hezbollah, os israelenses fracassaram, pois o braço armado da organização sobreviveu ao peso da ofensiva inimiga – mais uma vez, todo poderio bélico das FDI parecia ter sido ineficaz diante da determinação dos militantes do Partido de Deus.

O pragmatismo do Hezbollah também pôde ser observado, após os ataques israelenses de julho de 2006, nos trabalhos de reconstrução executados pela ala denominada Jihad al-Bina. De acordo com Erik Claessen:

> [...] "O governo pode fazer obras em pontes e estradas, mas quando chega a hora de reconstruir casas, o Hezbollah desempenha um grande papel". Embora obras em estradas e pontes produzam mais para a restauração de uma economia independente e aumento da autossuficiência que o conserto de casas é este último que proporciona o apoio popular. Os ocidentais sempre tentam reduzir a dependência do povo de assistência, enquanto as insurgências *jihadistas* enfocam sua linha de operações logísticas de serviços básicos no fornecimento de assistência diretamente ao povo. Como resultado, frequentemente as pessoas consideram ocidentais indiretos e frios, por isso eles associam as insurgências *jihadistas* com calor humano e conforto. Além do mais, a dependência contínua do público à assistência prestada pela insurgência *jihadista* é uma vantagem e não uma desvantagem.[19]

Dessa forma, Hamas e Hezbollah têm, ao longo das últimas décadas, logrado arrebatar o apoio da população que lhes é tão caro. Seus êxitos, que podem ser mensurados até mesmo pelo processo eleitoral, respaldam a proficiência de seus métodos e se fazem merecedores da atenção de todos os especialistas na área de defesa. Na medida em que os soldados profissionais se mostram obcecados pelas vantagens do emprego de *drones* e pelas perspectivas de uso de inteligência artificial na tomada de decisões militares, cabe lembrar-lhes que tudo isso pode ser muito útil na dimensão física da guerra, mas nada supera o papel do indivíduo na dimensão humana dos conflitos armados.

Na verdade, a luta em três dimensões tornou-se uma questão trivial, que pode ser observada, até mesmo, nas operações antimotim realizadas por forças de segurança pública ao redor do planeta, por exemplo. Quando tropas de choque se propõem a restabelecer a ordem em manifestações de rua, dispersando a multidão enfurecida, quase sempre ignoram que os jovens ativistas não lutam nos quarteirões conflagrados ao seu redor. Ao contrário, eles estão engajados globalmente na dimensão informacional, isto é, no *front* das notícias e por meio de mídias sociais.

Problema semelhante pode ser observado também nas ações de enfrentamento e repressão ao terrorismo. O ato de terror caracteriza-se, no nível tático, pela execução de uma ação de efeito cinético, como a detonação de explosivos em um atentado a bomba ou a abertura de fogos indiscriminados em locais públicos, por exemplo. Todavia, seus objetivos vão muito além da mera demonstração de barbárie que as brutais imagens, registradas de forma instantânea e repetidas incessantemente nos dias subsequentes, sugerem. O foco do terror está, de fato, no ambiente informacional, pois visa, por meio da publicidade, à consecução de metas políticas e estratégicas bem mais amplas do que tão somente o sacrifício localizado de vidas inocentes. Ou seja, ao contrário do que possa parecer, a verdadeira arma de um terrorista não é o emblemático fuzil de assalto AK-47 ou os explosivos C4, Semtex ou TATP. É a câmera de televisão e a mídia espontânea gerada a partir de imagens de um simples aparelho celular.

Tradicionalmente, em todo o mundo, o aparato de segurança estatal tem apresentado respostas satisfatórias no nível tático. Isto é, antepondo-se ao terrorismo por meio de ações de efeito cinético, definidas pelos verbos capturar, prender, neutralizar, eliminar, resgatar etc. Porém, quase sempre, os Estados têm fracassado nos níveis político e estratégico, mostrando-se incapazes de oferecer respostas oportunas e eficazes no ambiente informacional, como o fazem no restrito cenário tático. Essa dicotomia representa a essência da assimetria entre terrorismo e contraterrorismo, conforme ilustra a Tabela 3:

Tabela 3 – Assimetria entre terrorismo e contraterrorismo

	Terrorismo	Contraterrorismo
Nível	Político e estratégico	Tático
Dimensão	Informacional	Física
Objetivo	Não cinético	Cinético
Ação	Ato extremo de propaganda armada	Por analogia simples, deveria, em tese, ser um ato de contrapropaganda – mas não tem sido assim

Para os exércitos da Era Industrial, as ditas ações de efeito não cinético se prestavam tão somente para apoiar as ações cinéticas. Mas, hoje, elas representam um fim em si mesmas. Ou seja, as usuais ações táticas de efeito cinético só têm utilidade na medida em que são orientadas para a consecução de uma meta psicológica que possa ser amplamente explorada e potencializada pela propaganda nos níveis político e estratégico, fazendo parte de um contexto informacional mais amplo. Assim sendo, torna-se imprescindível agregar valor psicológico às ações em força típicas dos combates convencionais. Caso contrário, tais ações mostrar-se-ão contraproducentes e, portanto, desnecessárias.

O NOVO PERFIL DO COMBATENTE: DE CIDADÃOS SOLDADOS A CABOS ESTRATÉGICOS

Os perigos encontrados nas trincheiras das duas guerras mundiais eram substancialmente maiores do que os riscos que os soldados vêm correndo nos campos de batalha do século XXI. Uma eventual análise comparativa do número de baixas sofridas entre combatentes nos conflitos armados dos últimos cem anos decerto corrobora essa assertiva.

As estimativas de baixas na Batalha do Somme, por exemplo, foram de 419.654 britânicos, 194.451 franceses e cerca de meio milhão de alemães. Os combates se estenderam por 4 meses e meio, de 1º de julho a 14 de novembro de 1916. Somente no primeiro dia da ofensiva inglesa, as perdas de Sua Majestade contabilizaram um total de aproximadamente 58 mil homens, dos quais 19.240 foram mortos. Ao estudarmos a guerra do Vietnã, podemos observar que 12 anos de intervenção no sudeste asiático custaram aos Estados Unidos a vida de 58 mil soldados. Já no Afeganistão, pouco mais de 2 mil militares norte-americanos morreram nos primeiros 12 anos de conflito – ou seja, de um modo geral, uma tendência clara e acentuada de declínio das perdas em campanha.

No entanto, a despeito de os números relativos às baixas serem menores em termos absolutos, a percepção acerca do grau de complexidade que caracteriza os conflitos atuais é, sem sombra de dúvida, bem mais elevada.

Os exércitos da Era Industrial, como aqueles que promoveram os duelos de artilharia e o genocídio de infantes durante a Primeira Grande Guerra, possuíam fileiras constituídas por "cidadãos soldados", legados da Revolução Francesa, cuja principal virtude, infelizmente, era a capacidade de se sacrificarem pela pátria. A conscrição em massa, muitas vezes realizada às pressas com o intuito de atender a uma mobilização nacional ou recompletar o elevado número de baixas no *front*, produzia uma força desprovida de critério seletivo e de pequena qualificação técnica. Em 1928, o general alemão Hans von Seeckt escreveu: "a massa de conscritos, cujo treinamento tenha sido curto e superficial, é carne para canhão na pior acepção da palavra, se colocada diante de um reduzido número de experientes tropas especializadas".[20]

Na Era da Informação, graças ao "efeito CNN", pequenas ações têm adquirido grande repercussão política e divulgação global, tornando obsoleta a rígida compartimentação entre os níveis decisórios. Ao contrário, o que hoje é possível constatar representa uma clara sobreposição, no tempo e no espaço, dos aspectos políticos, estratégicos e táticos da luta, permeando toda a estrutura de comando, até os menores escalões. Segundo o general Charles Krulak, antigo comandante do corpo de fuzileiros navais dos Estados Unidos, para lidarem com essa realidade, os exércitos devem dispor de "cabos estratégicos".[21] Isto é, soldados capazes de, simultaneamente, aplicar com eficácia e precisão o poder de combate, conquistar o apoio da população e legitimar o poder central, atuando não apenas como plataformas de combate semiautônomas, mas também como sensores de inteligência e vetores de operações psicológicas. Eles devem ser treinados e demonstrar aptidão para avaliar a situação tática, decidir com rapidez e agir por conta própria, explorando com habilidade as efêmeras oportunidades que se apresentarem, tanto no caótico ambiente físico à sua volta quanto no espectro informacional de mídias globais (Figura 3). De acordo com o coronel Antônio José Oliveira, do Exército de Portugal:

> [Existe uma] mudança qualitativa de conceito de emprego do instrumento militar com a alteração dos laços funcionais entre o poder político e o aparelho militar. A envolvente política perpassa agora verticalmente todos os níveis de atuação militar e por sua vez a estrutura de comando, nos diversos pata-

mares de responsabilidade, preocupa-se principalmente com a atuação política. Mesmo no nível tático, um comandante de uma pequena força desempenha esse papel no contato com a população e autoridades locais. As distâncias físicas e a forma descentralizada que caracterizam a atuação das forças levam a que, por norma, as diversas tarefas sejam executadas com base em pequenos escalões de forma independente. Desta forma, os comandantes, desde os mais baixos escalões, devem dispor de orientações superiores e da capacidade de decisão necessária para executarem eficazmente as suas missões. Isto lhes garante a iniciativa necessária para se adaptarem e reagirem mais rápido que a ameaça ou adotarem as medidas necessárias para manterem a coerência na atuação. Esta característica é fundamental quando se trata de um ambiente operacional muito fluido.[22]

Absolutamente nada, nesse sentido, deve sugerir a politização das forças armadas. O que se espera dos soldados, no entanto, é que demonstrem uma aguçada percepção do ambiente de conflito, uma vez que até mesmo os menores escalões de combate não podem ser exclusivamente absorvidos por meras considerações táticas, perdendo, assim, o foco de objetivos políticos e estratégicos mais amplos. Naturalmente, tamanha expectativa só pode ser depositada em exércitos que disponham de núcleos de efetivos profissionais, criteriosamente selecionados e adestrados. Uma significativa reserva de recursos humanos, passível de ser mobilizada ainda que de forma compulsória, continua representando um trunfo muito importante. Todavia, o modelo de geração de força apoiado essencialmente na mobilização nacional e na conscrição em massa de "cidadãos soldados", decerto, tornou-se anacrônico.

Figura 3 – O "cabo estratégico" na Era da Informação

Os "grandes exércitos de aço" contavam com ciclos decisórios excessivamente lentos e burocratizados, atribuindo grande ênfase a uma rígida disciplina, em detrimento da iniciativa. Poucos soldados, como, por exemplo, os tanquistas alemães ou os paraquedistas norte-americanos durante a Segunda Guerra Mundial, se notabilizaram por demonstrar, sistematicamente, elevada iniciativa.

Nos cenários voláteis e ambíguos dos conflitos pós-industriais, a redução dos ciclos decisórios, por meio da delegação de competência aos comandantes subordinados, concedendo-lhes maior autonomia e liberdade de ação, além da valorização da iniciativa em detrimento do apego incondicional a ordens excessivamente restritivas, tornou-se um imperativo dos campos de batalha.

LEGITIMIDADE NO USO DA FORÇA: A DIMENSÃO ESTRATÉGICA DAS AÇÕES TÁTICAS

A guerra na "Idade do Aço" se caracterizava pela pequena incidência de restrições legais sobre as operações militares, aplicação do poder de combate em toda sua plenitude e ampla liberdade para o emprego da máxima força letal. Desde a marcha empreendida pelo General Sherman, através da Virgínia, durante o primeiro conflito da Era Industrial (a Guerra de Secessão norte-americana), até atingir seus píncaros na Segunda Guerra Mundial com as campanhas de bombardeio estratégico, toda brutalidade e violência indiscriminadas eram admissíveis e pareciam se justificar em face do objetivo militar pretendido. As devastações de Dresden, Hamburgo, Hiroshima e Nagasaki, por exemplo, corroboraram a ideia equivocada de que, na guerra, os fins justificam quaisquer meios.

Nos conflitos atuais, a opinião pública (doméstica e internacional) tem acesso a um volume considerável de imagens e informações acerca das operações militares, graças, sobretudo, à onipresença da mídia, às comunicações em escala global e à farta disponibilidade de tecnologia da informação. Em toda sociedade diminui a tolerância a flagrantes infrações dos direitos humanos. Portanto, violações de conduta e o descumprimento de normas legais e regras de engajamento, nos menores escalões táticos, possuem desdobramentos negativos que colocam em risco o cumprimento da missão nos níveis político e estratégico. Como vimos, essa é a essência do conceito de "cabo estratégico", formulado pelo general Krulak.

Ou seja, na Era da Informação, *restrições jurídicas* e *pressões da opinião pública* se combinam para impor a aplicação seletiva e precisa da capacidade destrutiva visando à redução dos indesejáveis danos colaterais. De fato, as operações que ignoram tais preceitos tornaram-se tão obsoletas quanto as cargas de cavalaria.

Em especial, na luta contra atores armados não estatais, a legitimidade do poder público e a conquista do apoio da população se impõem como questões centrais. Assim sendo, o uso da força deve se revestir de uma moralidade irretocável. A conduta das unidades militares deve se tornar o grande lastro de uma campanha agressiva de comunicação estratégica destinada a arrebatar "corações e mentes". A colaboração dos habitantes locais, o respaldo da opinião pública doméstica e a aquiescência da comunidade internacional são fatores determinantes do sucesso. Portanto, há que se ter extremo cuidado para não permitir que a consecução de objetivos políticos relevantes seja comprometida pela busca intransigente de ganhos táticos efêmeros nos menores escalões de combate.

Todo o processo de preparação da tropa, desde seus estágios iniciais até a consecução dos objetivos de instrução mais avançados, deve contribuir efetivamente para o desenvolvimento de mecanismos de prevenção de violações de conduta. Uma política de "tolerância zero" deve ser levada a cabo com determinação em todos os níveis da cadeia de comando. Execuções extrajudiciais, torturas, maus-tratos, desaparecimentos forçados, saques, espólios, subornos e outras práticas nocivas são potencialmente capazes de causar maior prejuízo aos objetivos da campanha do que qualquer ação em força empreendida exitosamente pelo inimigo. A esse respeito, a Batalha de Argel, travada no ano de 1957, durante a guerra de independência da Argélia (1954-1962), é bastante elucidativa. Sua história demonstra como uma vitória militar, obtida ao custo de "concessões" éticas e morais, pode levar um país à derrota política.

Em um período da história no qual a guerra parece ter retornado à sua forma mais primitiva de barbárie, líderes perspicazes devem compreender que, além de superioridade tática, técnica, tecnológica e logística, a vitória na Era da Informação exige, também, superioridade ética e moral. Decapitações, imolações e ataques a civis podem causar enorme comoção e gerar grande impacto midiático em um curto prazo. Porém, vitórias estratégicas que lancem os fundamentos de uma paz justa e duradoura não podem ser alcançadas sem que a opinião pública tenha clara a percepção acerca da legitimidade do uso da força.

ONDE ESTÁ A FRENTE DE BATALHA?

Travados essencialmente em sua dimensão física, os conflitos da Era Industrial possuíam clara delimitação geográfica do campo de batalha e do teatro de operações. De um modo geral, a autonomia dos transportes militares e o alcance do armamento definiam o "volume espacial da guerra". À medida que as forças armadas ampliavam seu raio de ação por meio dos avanços da indústria bélica, os conflitos se expandiam geograficamente. O advento da ferrovia, dos carros de combate, dos navios aeródromos, das frotas de bombardeio estratégico e dos mísseis de cruzeiro intercontinentais contribuiu para o contínuo alargamento territorial das áreas conflagradas.

Porém, a incorporação das dimensões humana e informacional tornou difusa a percepção acerca do lócus de conflito. As guerras travadas no seio do povo – como as insurgências, por exemplo – possuem um componente sociológico tão relevante e um inimigo tão furtivo, que os combates se caracterizam pela ausência de limites. Para a perplexidade dos soldados mais ortodoxos, não há frentes, flancos ou retaguarda.

Mas o problema se torna ainda mais agudo diante da farta disponibilidade de tecnologia da informação. Pois, o espaço cibernético, o *front* das notícias e o espectro das mídias sociais não conhecem restrições físicas, tampouco se submetem a fronteiras políticas ou barreiras geográficas. As ações vão muito além do campo de batalha, transcendendo o próprio teatro de operações. A organização terrorista Al-Qaeda, por exemplo, atacou alvos ocidentais em mais de 15 países ao redor do mundo e seu efeito foi ainda mais amplo, pois sua audiência alcançou todo o planeta. O terreno fisiográfico, ainda que taticamente importante, perdeu valor estratégico. Afinal, na Era da Informação, a batalha decisiva será travada no pequeno espaço compreendido entre os ouvidos de cada ser humano.

146 A GUERRA NA ERA DA INFORMAÇÃO

Na Era Industrial, a mecanização da guerra terrestre tornou os exércitos dependentes das estradas. Assim sendo, as batalhas campais passaram a convergir naturalmente para os principais nós rodos-ferroviários, ou seja, para as cidades. Por conseguinte, houve um aumento exponencial do número de combates em localidades e áreas edificadas. Todavia, na Era da Informação, as batalhas deixaram de ser simplesmente atraídas para os núcleos urbanos. Ao contrário, elas germinam do interior dos grandes adensamentos populacionais. Nesse contexto, a questão que envolve as megas e metacidades suscita maiores preocupações.

De acordo com a ONU, megacidades são metrópoles que possuem mais de 10 milhões de habitantes, como, por exemplo: Lagos na Nigéria; São Paulo e Rio de Janeiro no Brasil; Déli, Mumbai e Calcutá na Índia; Cidade do México; Karachi no Paquistão; e Daca em Bangladesh. Metacidades, por sua vez, são núcleos urbanos que contam com mais de 30 milhões de habitantes. Em 2017, apenas Tóquio, capital do Japão, havia alcançado esse *status*.

Em virtude de sua natureza singular, as megacidades geram novas dinâmicas demográficas, sociais, políticas, econômicas e ecológicas, que se caracterizam por elevado grau de complexidade. O inchaço das grandes metrópoles e a conurbação (fusão de áreas urbanas decorrente do incontido processo de crescimento) geram desafios de proporções até então inimagináveis.

Naturalmente, os grandes núcleos populacionais se compõem de estratos sociais que retratam diferentes subculturas. Entretanto, com a urbanização se desenvolvendo em um ritmo mais acelerado do que a geração e a distribuição de riquezas, governos sobrecarregados e descapitalizados se mostram incapazes de atender às demandas básicas de toda a população e, sobretudo, as aspirações crescentes de seus cidadãos. Nas megacidades, pobreza extrema, infraestrutura precária e condições degradantes de subsistência coexistem com níveis inéditos de prosperidade econômica e de desenvolvimento tecnológico, fomentando desi-

DE STALINGRADO A FALLUJAH **147**

gualdades sociais que operam como focos potenciais de instabilidade e insegurança.

Mantendo-se os atuais padrões demográficos, em 2050, 70% da população mundial residirá em cidades, e entre 85% e 90% do crescimento da população urbana se dará em favelas. De acordo com o major Christopher Bowers, do Exército dos Estados Unidos, "o futuro da raça humana é a cidade; o futuro da cidade é a megacidade, e a realidade da megacidade é a favela".[23]

Problemas relacionados à degradação ambiental e à escassez de recursos implicam segregação socioespacial e propiciam o surgimento de enclaves autogovernados por poderes paralelos:

> Acrescenta-se como fatores sociais geradores de insegurança as *situações de gueto*. As situações de pobreza, de desemprego, de desenraizamento cultural, de dificuldades na habitação e tantas outras motivadoras de exclusão social facilitam o aparecimento de áreas habitacionais mais ou menos degradadas e segregadas. Geram-se situações de autêntico *gueto*, no mau sentido da palavra, onde os valores da sociedade pouco pesam, a socialização funciona no pior modo, promovendo o aparecimento de bandos juvenis, de infratores e de traficantes de drogas; e o controle social seria muito difícil de exercer. É alto o risco de se constituírem áreas sem lei ou terra de ninguém [...].[24]

Dessa forma, áreas desassistidas densamente povoadas são territorializadas por *spoilers*, isto é, grupos que não respeitam agendas ou objetivos estratégicos específicos, mas são motivados pela defesa de seus interesses, normalmente, de cunho material e financeiro.[25] Segundo Ralph Peters, os grandes centros urbanos tornaram-se "o equivalente pós-moderno das selvas e das montanhas – cidadela dos despojados e irreconciliáveis".[26]

Nas megacidades dos países pobres ou em desenvolvimento, espaços anárquicos regidos por códigos sociais próprios, que se impõem, quase sempre de modo violento e arbitrário, à margem

148 A GUERRA NA ERA DA INFORMAÇÃO

da regulamentação formal do Estado, dão origem a verdadeiros protetorados urbanos sem lei – terreno fértil para toda sorte de atores armados não estatais (de facções criminosas a organizações terroristas). A aguda crise de segurança que aflige as grandes metrópoles brasileiras, sobretudo, a cidade do Rio de Janeiro, se insere perfeitamente neste contexto.

ADESTRAMENTO CULTURAL: ASPECTOS FISIOGRÁFICOS E ETNOGRÁFICOS DO CAMPO DE BATALHA

A tendência natural de restringir as profundas transformações advindas da Era da Informação ao impacto de modernas tecnologias e a economia globalizada limita a percepção da verdadeira amplitude das mudanças sociais ora em curso. Contrariando as expectativas daqueles que apostaram no "fim da história", o fenômeno da globalização motivou, justamente como um de seus efeitos não previstos e paradoxais, o fortalecimento de identidades culturais locais, em detrimento da formação de uma suposta homogeneidade cultural de âmbito planetário. Em sua polêmica obra *O choque de civilizações e a recomposição da ordem mundial*, o renomado cientista político norte-americano Samuel Phillips Huntington assinalou:

> Há pouca ou nenhuma prova que apoie a pressuposição de que o surgimento das comunicações abrangentes em escala global está produzindo uma convergência significativa de atitudes e crenças. Como disse Michel Vlahos, "o entretenimento não equivale à conversão cultural" [...] as pessoas interpretam as comunicações em termos de seus próprios valores e perspectivas preexistentes.
>
> [...] Na sociologia, a teoria da globalização chega a conclusão semelhante: "num mundo crescentemente globalizado – ca-

racterizado por graus historicamente excepcionais de interdependência civilizacional, societária e de outras modalidades, e de uma ampla percepção delas – há uma exacerbação da autoconsciência civilizacional, societária e étnica."

[...] a identidade cultural é o fator essencial para moldar as associações e os antagonismos de um país.[27]

Como destacamos no capítulo "Alterando a percepção sobre o uso da força militar", transformações sociais de vulto, necessariamente, afetam a conduta da guerra, em virtude da natureza sociológica dos conflitos armados. Assim sendo, podemos constatar que, no curso das operações militares, peculiaridades da cultura local vêm adquirindo importância crescente. Dentro desse contexto, observa-se o advento da "inteligência cultural", também conhecida por "inteligência etnográfica", como atividade sistematizada, destinada a subsidiar o processo decisório e apoiar ações nos níveis político, estratégico, operacional e tático. Para Megan Scully, "o conhecimento da cultura e da sociedade do inimigo talvez seja mais importante do que o conhecimento da sua ordem de batalha".[28]

Em conflitos pretéritos, a percepção do componente cultural era deixada aleatoriamente a cargo do gênio de determinados comandantes em campanha, dentre os quais podemos destacar Thomas Edward Lawrence, o lendário Lawrence da Arábia, assessor britânico durante a Revolta Árabe (1916-1918). Porém, o campo de batalha do século XXI já não aceita tamanho empirismo. A esse respeito, o major Ron Sargent, do Exército norte-americano, adverte:

Não pode haver tolerância à ignorância cultural de jovens oficiais e soldados na linha de frente, cujas palavras e ações podem afetar os resultados estratégicos.

[...] No decorrer da história, as forças militares convencionais raramente tiveram êxito em operações realizadas nas regiões onde as culturas nativas eram significativamente diferentes das suas.[29]

A GUERRA NA ERA DA INFORMAÇÃO

Acertadamente, os soldados têm recorrido a antropólogos e outros cientistas sociais com o intuito de melhor adequar as operações militares a realidades culturais discrepantes, respeitando as idiossincrasias étnicas e regionais, a fim de assegurar a plena consecução de seus objetivos de campanha. Portanto, líderes competentes, no século XXI, deverão necessariamente demonstrar acurada percepção do componente cultural em todas as operações militares, onde quer que elas se desenvolvam – desde as etnorregiões que abrigam culturas autóctones, como áreas tribais e terras indígenas, por exemplo, até os labirintos impenetráveis das megacidades. Essa conscientização já se incorpora à doutrina militar de alguns países. O manual de contrainsurgência do Exército e do Corpo de Fuzileiros Navais dos Estados Unidos, por exemplo, preconiza:

> A sensibilidade cultural tem se tornado um aspecto de importância crescente para líderes de frações. Líderes modernos perceptivos aprendem como a cultura afeta as operações militares.
>
> [...] Soluções diferentes são requeridas em contextos culturais diversos. Eficientes líderes de frações adaptam-se a novas situações compreendendo que suas palavras e ações poderão ser interpretadas de modos diversos quando em diferentes culturas.[30]

Até mesmo sociedades multiétnicas, comumente negligenciam a análise cultural, apegando-se a preceitos etnocêntricos inadequados, em detrimento do uso hábil e competente da "ferramenta cultural". Nos cenários atuais, esse tipo de postura obtusa e intransigente pode afetar decisivamente o curso de uma campanha militar, antes mesmo do desdobramento de tropas no terreno. De acordo com o general Álvaro de Souza Pinheiro, do Exército brasileiro:

> Aprender a lidar com as complexidades humanas e culturais, características dos conflitos irregulares atuais, transformou-se num aspecto fundamental [...]. O conhecimento cultural tornou-se impositivo porque é, atualmente, um poderoso multiplicador de forças. Significa muito mais do que o mero domínio de línguas.

Observação	Os soldados devem desenvolver uma prática de aprendizado contínuo, fundamentada na observação incessante do ambiente cultural onde se encontram imersos.
Humildade	Os soldados, abandonando qualquer resíduo etnocêntrico, devem se mostrar sempre dispostos a aprender mais com a população nativa, sobretudo, com os menos favorecidos, pois são essas pessoas que, normalmente, melhor representam sua própria cultura. Ouvir, bem mais do que falar, é a chave para transpor as barreiras culturais.
Dedicação	Uma relação de confiança mútua envolvendo militares e a população nativa não pode ser imposta por meio da superioridade bélica convencional. Ela exige empenho, perseverança e demanda tempo. Deve fundamentar-se em ações, não apenas em palavras ou promessas. Panfletos e cartazes podem ajudar, mas são as ações que realmente contam. Toda oportunidade de interação com a população local deve ser entendida como uma chance única de incursão no "terreno humano".
Empatia	As tropas devem buscar, com o tempo, compartilhar um sentimento de identificação recíproca com os habitantes locais. Para tanto, devem procurar interpretar o ambiente e compreender a realidade segundo as perspectivas nativas.
Compromisso	Os integrantes das forças armadas devem compreender os verdadeiros anseios da comunidade anfitriã e tornar explícito, por meio de seus atos e decisões, seu sincero comprometimento com as aspirações dos habitantes locais. Os objetivos militares da campanha devem ser compatíveis e convergentes com demandas legítimas da população nativa.

Os conflitos armados na Era da Informação não se restringirão aos aspectos puramente militares da luta. Nesse contexto, o componente cultural das operações militares vem adquirido uma importância crescente. O advento da inteligência etnográfica e a constatação da necessidade de prover adestramento cultural às tropas corroboram essa assertiva.

Todavia, mesmo dispondo de soldados culturalmente treinados, a dinâmica social local dificilmente obedecerá aos limites do planejamento militar. Os esforços para a conquista do apoio da população demandam tempo, habilidade e resiliência. Muitos comandantes táticos perdem o vigor em face das frustrações diárias

A GUERRA NA ERA DA INFORMAÇÃO

que fazem parte do árduo processo de arregimentar "corações e mentes". Outros se iludem diante de demonstrações superficiais de condescendência, superestimando seu grau de aceitação popular. A Tabela 5 oferece um parâmetro expedito para um julgamento sumário do apoio da população.

Tabela 5 – Avaliação sumária do apoio da população

Postura da população local	Atitude da população
Hostil	- Reprovação da maioria da população à atuação das forças de segurança no interior da área de operações. - Envolvimento direto e sistemático de, pelo menos, uma parcela da população em atos hostis contra as tropas. - Manifestações espontâneas ou orquestradas de rejeição à atuação das forças de segurança. - Oposição explícita dos líderes locais.
Neutra	- Indiferença da população em relação à atuação da tropa. - Baixo nível de interação entre a tropa e a população local. - Nenhum envolvimento efetivo dos líderes locais.
Apoio passivo	- Aquiescência à presença militar. - Manifestações isoladas de apoio aos soldados. - Não envolvimento da população local nas ações empreendidas pelas forças armadas (ausência de parcerias e projetos em conjunto). - Pequeno envolvimento dos líderes locais.
Apoio ativo	- Concordância da maioria da população em relação à presença das tropas e aos objetivos da campanha militar. - Engajamento e comprometimento direto de, pelo menos, uma parcela da população com as ações das forças armadas. - Envolvimento direto dos líderes locais e formação de sólidas parcerias em inúmeros projetos. - Manifestações espontâneas de apoio às forças de segurança. - Elevado nível de interação entre a tropa e a população local.
Ambivalente	- Segmentos distintos de uma mesma população assumem posturas notadamente diferenciadas.

A conquista do apoio ativo da população deve ser a meta dos soldados. Portanto, os planejadores militares necessitam:

- identificar previamente todos os atores presentes no interior da área de operações;
- entender a complexa dinâmica de poder existente entre eles, evitando preconceitos, estereótipos e interpretações distorcidas – nesse sentido, o auxílio de especialistas (como antropólogos, historiadores e outros cientistas sociais) quase sempre revela-se fundamental;
- identificar claramente os diferentes nichos de liderança e o verdadeiro grau de influência que cada ator exerce sobre a população local;
- definir objetivamente aquilo que se pretende de cada ator; e
- estabelecer a forma de abordagem e engajamento, considerando as afinidades, animosidades, disputas internas pelo poder, a existência de espaços de tensão e distensão etc.

Uma vez que a verdadeira influência sobre a população local só é possível por intermédio de seus líderes naturais, os soldados devem identificá-los, reforçando-lhes o prestígio e a autoridade, ao mesmo tempo que, discretamente e sem causar dissensões, alienam das decisões importantes as pessoas que se opõem de forma sistemática e intransigente à presença das forças de segurança.

GUERRA NA PAZ:
UMA ERA DE CONFLITOS PERSISTENTES

A guerra na Era Industrial, como fenômeno estritamente político e militar, possuía clara delimitação temporal. Todos nós sabemos, por exemplo, que a Segunda Grande Guerra irrompeu no dia 1º de setembro de 1939, com o avanço da Wehrmacht sobre a Polônia, e findou-se, no teatro de operações europeu, no dia 8 de maio de 1945, com a rendição incondicional da Alemanha nazista. Podia-se, assim, estabelecer nítida distinção entre as situações de guerra e paz.

156   A GUERRA NA ERA DA INFORMAÇÃO

Porém, na Era da Informação, os cenários se mostram bem mais ambíguos e difusos. A ausência de confrontações formalmente reconhecidas não significa, necessariamente, paz. Os marcos temporais de início e término dos conflitos se tornaram obscuros. Constata-se, na maioria das vezes, a manutenção de um estado permanente de beligerância. Pois, a luta se dá em virtude de fatores sociais, históricos, culturais e ambientais bastante complexos, os quais não podem ser simplesmente extirpados pelo uso exclusivo do poderio bélico. Demanda-se, assim, um largo período de tempo para que se atue sobre as causas estruturais que motivam a violência armada, por outros meios que não sejam apenas as alternativas militares. Com isso, tem-se uma grande incidência de conflitos persistentes, que se arrastam por décadas de forma inconclusiva, a despeito do uso recorrente das forças armadas. De acordo com o analista de defesa e relações internacionais John Arguilla, a humanidade ingressou numa "era de guerra irregular perpétua".[33]

A assinatura do acordo de paz entre o governo de Bogotá e as Farc, por exemplo, dificilmente significará o fim da violência na Colômbia. Embora, o término do conflito no Iraque já tenha sido anunciado formalmente em mais de uma ocasião, a antiga Mesopotâmia permanece conflagrada pelo sectarismo fratricida de base étnica e religiosa. No Afeganistão, a guerra que começou com ares de uma expedição punitiva se prolonga por quase duas décadas e deverá manter-se, ainda por mais tempo, com ou sem a presença de soldados ocidentais. Segundo o tenente-coronel Antônio José Oliveira:

> [Os conflitos] têm tendência a assumir um caráter assimétrico e de matriz social, tornando-se muito difíceis de terminar, tendendo a tornarem-se persistentes na perspectiva de encontrar condições que permitam resolvê-lo. Os conflitos passam a ser medidos em décadas em vez de meses ou anos, tendo também uma grande descontinuidade no tempo, porque já não são uma campanha composta por uma série sucessiva de batalhas e são por norma de "baixa intensidade".[34]

Em seu livro *O fim do poder*, Moisés Naím destaca:

> Em 2011, o então subsecretário da Defesa Americana William Lynn explicou que o conflito "normal" deixou de consistir em "períodos intensos, mas curtos" e passou a "combates menos intensos, mas bem mais longos".
>
> Com crescente regularidade, forças menores estão sendo bem-sucedidas, pelo menos para promover suas metas políticas e sobreviver militarmente.[35]

Os conflitos da "Idade do Aço" se desenvolviam de modo sequencial, de acordo com o faseamento da manobra que compunha a campanha militar. A vitória no campo de batalha era clara e inconteste. Quando o general Douglas MacArthur proferiu seu discurso a bordo do encouraçado USS Missouri, no dia 2 de setembro de 1945, encerrando a guerra no Pacífico, não restava dúvida alguma acerca do vencedor e do vencido.

Entretanto, na Era da Informação, a guerra tem sido travada por meio de ações simultâneas de naturezas distintas – não necessariamente militares. Tem-se uma significativa variação do nível de intensidade do uso da força, alternando campanhas de grande envergadura e o uso massivo do poderio bélico até o emprego das forças armadas em ações subsidiárias de apoio a agências civis, ciberataques e guerra psicológica. A vitória tornou-se incerta, uma vez que deixou de ser prerrogativa dos soldados alcançá-la no campo de batalha. Quando Israel desencadeou a operação Chumbo Fundido contra o Hamas na Faixa de Gaza, em dezembro de 2008, por exemplo, seus resultados foram controversos e, decerto, inconclusivos. Ambos os lados reivindicaram a vitória.

CARACTERÍSTICAS DO AMBIENTE DE CONFLITO NA ERA DA INFORMAÇÃO

O War College – instituição de ensino superior do Exército norte-americano – cunhou a expressão "volátil, incerto, complexo e ambíguo" com o propósito de descrever o atual ambiente de conflito. De fato, os cenários que dão forma às áreas conflagradas ao redor do planeta têm se destacado por sua complexidade, não linearidade, instabilidade, imprevisibilidade, heterogeneidade, mutabilidade e dinamismo. Contudo, a fim de delinear objetivamente o conjunto de circunstâncias que condicionam o uso do instrumento militar, podemos citar como principais características do campo de batalha do século XXI:

- níveis variáveis de intensidade de conflito;
- ameaças provenientes de atores estatais e não estatais;
- população civil com postura ambivalente (favorável, neutra e hostil);
- idiossincrasias culturais (complexidade do "terreno humano");
- onipresença da mídia;
- assédio de organismos de defesa dos direitos humanos;
- outras agências estatais presentes no interior da área de operações;
- atuação de organizações não governamentais;
- restrições legais;
- limites impostos pela opinião pública;
- controle de danos sobre bens civis e o meio ambiente;
- disponibilidade de moderna tecnologia (capacidades ampliadas das forças militares: ver, engajar pelo fogo, manobrar e comunicar-se);
- grande volume de dados (propensão à sobrecarga de informação);
- velocidade e fluidez da informação; e
- disseminação da informação em escala global.

CAPACIDADES REQUERIDAS DAS FORÇAS ARMADAS

Diante do cenário anteriormente descrito, cabe o questionamento acerca das capacidades requeridas das forças armadas para que elas tenham seu êxito assegurado nos campos de batalha do século XXI. A despeito da visão ortodoxa que tradicionalmente possuem dos conflitos armados, na Era da Informação, as organizações militares devem se mostrar aptas a:

- formular estratégias que contemplem igualmente o uso de meios não militares;
- desenvolver ações integradas e sinérgicas nas dimensões física, humana e informacional;
- combinar alternativas letais e não letais para se alcançar o estado final desejado;
- aplicar de forma precisa e eficaz o poder de combate, com maior controle de danos e redução dos efeitos colaterais;
- oferecer respostas ágeis e flexíveis em ambientes em constante mutação;
- agregar valor psicológico às ações de combate;
- evidenciar postura etno-hexocêntrica, valendo-se da análise etnográfica para atuar em ambientes multiculturais;
- interagir com a mídia, organismos de defesa dos direitos humanos, organizações não governamentais e outras agências estatais presentes no interior da área de operações; e
- fazer hábil uso dos instrumentos jurídicos que lhe estão disponíveis, a fim de assegurar a legitimidade do uso da força.

RESUMO

A tabela a seguir sintetiza as principais ideias expressas neste capítulo. Trata-se de uma comparação, didaticamente estruturada, entre o modelo de beligerância adotado como paradigma na Era Industrial e os conflitos armados em curso na Era da Informação. Muitas nuances – algumas delas, de fato, bastante sutis – têm representado a diferença entre o êxito e o fracasso de Estados que recorrem ao uso do instrumento militar para alcançar seus objetivos políticos e salvaguardar os interesses nacionais:

Tabela 6 – Quadro resumo:
a guerra na Era Industrial *versus* a guerra na Era da Informação

Era Industrial	Era da Informação
- Ideia de monopólio estatal sobre a aplicação da força coercitiva. - Número restrito e definido de ameaças. - Predomínio de ameaças estatais. - Ocorrência de cenários previsíveis, elaborados segundo ameaças permanentes e predefinidas. - Planejamento militar baseado em ameaças específicas (hipóteses de emprego).	- Quebra do pretenso monopólio estatal sobre a aplicação da força coercitiva. - Fragmentação das ameaças, com predomínio de ameaças não estatais hiperdifusas. - Ocorrência de ameaças híbridas, que combinam capacidades típicas do combate convencional e da guerra irregular. - Ambiente volátil, incerto, complexo e ambíguo. - Planejamento baseado em capacidades.
- Desdobramento permanente de forças com pré-posicionamento de tropas (prévia ocupação geográfica).	- Projeção de poder: flexibilidade e mobilidade estratégica permitem o pronto desdobramento de forças para atender contingências específicas e situações de crise localizadas.
- Confronto de identidades nacionais, moldado por interesses políticos e econômicos.	- Confronto de identidades culturais locais, moldado por aspectos políticos, econômicos, sociais e ambientais.
- Em termos práticos, o conflito armado era visto como mero recurso da política do Estado-nação (Carl von Clausewitz). - A guerra era entendida como mero fenômeno político, que combinava diplomacia e poderio bélico convencional.	- O conflito armado é visto, simultaneamente, como fenômeno político, social e ambiental.

DE STALINGRADO A FALLUJAH **161**

- Uma vez esgotados os esforços diplomáticos, constatava-se a primazia das ações no campo militar, complementadas por pressões políticas e embargos econômicos.	- Multiplicidade de meios (militares e não militares) empregados na condução da guerra. - Ênfase em ações nos campos político, econômico e psicossocial, em detrimento dos esforços no campo militar.
- Segurança Nacional: tema essencialmente restrito à atuação das forças armadas, formulado segundo uma concepção estatocêntrica e militarista. - Ações em outros campos do poder nacional eram orientadas para a mobilização da estrutura militar de guerra. - Lógica cartesiana, linear e mecanicista.	- Segurança e Defesa: conceito mais amplo e complexo, de caráter permanente e concepção multidimensional, que transcende a esfera militar, caracterizando maior interdependência entre todos os campos do poder nacional para moldar o ambiente, evitando a deflagração ou agravamento de eventuais crises. - Envolve ações de outras agências do Estado. - O conceito de Segurança Humana (apresentado pelo PNUD em 1994) se contrapõe ao conceito de Segurança Nacional. - Uso de ferramentas de pensamento complexo (ou integrador).
- Predomínio das forças armadas no interior da área de operações, com modesta participação de atores não estatais.	- Intensa atuação de agências estatais civis: cooperação interagências. - Destacada participação de atores não estatais: mídia, organismos humanitários e agências do terceiro setor. - Necessidade de interação com ONGs. - Presença de companhias militares privadas.
- Predomínio de guerras convencionais interestatais.	- Predomínio de conflitos irregulares intraestatais, com potencial para se internacionalizarem em decorrência da atuação de atores transnacionais. - Ocorrência de ameaças híbridas.
- *Simetria* na aplicação do poder de combate, com ênfase nos conflitos *regulares*.	- *Assimetria* na aplicação do poder de combate, com ênfase nos conflitos *irregulares*.
- Forças oponentes (regulares e irregulares) dotadas de estruturas verticalmente hierarquizadas.	- Estruturas de redes de amplitude transnacional, abrangendo governos legítimos, partidos políticos legalmente reconhecidos, ONGs, movimentos sociais, instituições filantrópicas, companhias militares privadas, forças irregulares, organizações terroristas, facções criminosas e outros *spoilers* etc.

- Luta travada na dimensão física do campo de batalha.	- Luta travada nas dimensões humana e informacional do ambiente operacional, em detrimento de sua dimensão física.
- Ênfase na aplicação do poderio bélico convencional para destruir as forças militares do inimigo.	- Ênfase na luta pelo apoio da população.
- Intensas campanhas de propaganda antecediam os conflitos armados e permitiam ao Estado mobilizar a opinião pública interna.	- Comunicações globais: a perda absoluta do controle sobre os meios de comunicação de massa e o acesso irrestrito à informação digital limitam a capacidade estatal de moldar a opinião pública interna e fortalecer a vontade nacional. - Impacto de mídias sociais virtuais de amplitude global.
- Guerra absoluta/batalha decisiva (Carl von Clausewitz). - A economia de guerra e a mobilização nacional exauriam os recursos do país. - Ofensivas e defensivas em larga escala. - Grandes batalhas de atrito. - A definição da guerra era obtida, essencialmente, no campo de batalha por meio do emprego das forças armadas.	- Operações de combate ofensivas e defensivas limitadas, combinadas com intensas campanhas de informações, e simultâneas a ações de assistência humanitária; contrainsurgências e operações de estabilidade e apoio. - Largo emprego de operações especiais. - A definição da guerra é obtida, essencialmente, no ambiente informacional de acordo com a percepção da opinião pública.
- Maior incidência de baixas entre os combatentes (até a 2ª Guerra Mundial). - Giulio Douhet: a destruição da vontade do povo como objetivo das operações militares (população civil como alvo).	- Maior incidência de baixas entre os não combatentes. - Rupert Smith ("guerra no meio do povo"): a conquista da vontade da população civil como objetivo estratégico das operações militares.
- Exércitos de conscrição de massa, com baixa qualificação técnica e baixo critério seletivo. - Fileiras constituídas por "cidadãos-soldados" legados da Revolução Francesa. - Ênfase na disciplina, em detrimento da iniciativa. - Ciclos decisórios excessivamente lentos e burocratizados.	- Núcleo de efetivos profissionais. - Cada soldado torna-se uma plataforma de combate semiautônoma. - Ênfase na iniciativa com maior liberdade de ação. - Redução dos ciclos decisórios, com delegação de competência aos escalões subordinados.
- Compartimentação dos níveis decisórios, com clara distinção entre os componentes políticos, estratégicos e táticos da luta.	- Charles Krulak: "cabos estratégicos".

- Aplicação do poder de combate em toda sua plenitude. - Pequena incidência de restrições legais sobre as operações militares. - Ampla liberdade para o emprego da máxima força letal.	- Restrições legais e a pressão da opinião pública impõem a aplicação seletiva e precisa da capacidade destrutiva com maior controle de danos e redução dos danos colaterais.
- Delimitação geográfica do campo de batalha.	- Indefinição do campo de batalha. - Ausência de limites. - Transcendência do teatro de operações.
- Batalhas campais, convergindo para núcleos urbanos.	- Batalhas preponderantemente urbanas.
- Campanha militar calcada no estudo tático do terreno.	- Inteligência etnográfica e adestramento cultural: o mapeamento e a análise do "terreno humano" tornam-se tão importantes quanto o estudo topotático do terreno.
- Delimitação temporal do conflito armado.	- Conflito permanente ou persistente: indefinição dos marcos temporais de início e término do conflito.
- Evolução sequencial do conflito. - Faseamento da campanha militar.	- Simultaneidade de ações de naturezas distintas. - Níveis variáveis de intensidade do conflito.
- Clara definição da vitória no campo militar.	- Indefinição da vitória.

NOTAS

[1] Antony Beevor, *Stalingrado: o cerco fatal*, Rio de Janeiro, Record, 2002, pp. 127-33.

[2] Geoffrey Jukes, *Stalingrado: o princípio do fim*, Rio de Janeiro, Renes, 1974, p. 153.

[3] Antony Beevor, op. cit., p. 448.

[4] David Bellavia, *De casa em casa em Fallujah: uma memória épica da guerra*, São Paulo, Larousse do Brasil, pp. 73-4 e 89.

[5] John Lewis Gaddis, *História da Guerra Fria*, Rio de Janeiro, Nova Fronteira, 2006, p. 242.

[6] Blair S. Willians, "Heurística e Vieses no Processo Decisório Militar", em *Military Review*, edição em língua inglesa, set.-out. 2010, p. 40.

[7] J. F. C. Fuller, *A conduta da guerra de 1789 aos nossos dias*, Rio de Janeiro, Biblex, 1966, p. 233.

[8] Jörg Friederich, *O incêndio*, Rio de Janeiro, Record, 2006, p. 66.

[9] Idem, p. 59.

[10] Joseph Goebbels, *Frases impactantes de Joseph Goebbels sobre o regime nazista*, disponível em <http://mensagens.culturamix.com/frases/frases-impactantes-de-joseph-goebbels-sobre-o-regime-nazista>, acesso em 6 jun. 2017.

[11] Rupert Smith, *A utilidade da força: a arte da guerra no mundo moderno*, Lisboa, Edições 70, 2008, p. 324.

164 A GUERRA NA ERA DA INFORMAÇÃO

[12] Stéphane Audoin-Rouzeau, *As grandes batalhas da história*, São Paulo, Larousse do Brasil, 2009, p. 85.
[13] Jorge Zaverucha, *Armadilha em Gaza: fundamentalismo islâmico e guerra de propaganda contra Israel*, São Paulo, Geração Editorial, 2010, p. 64.
[14] Idem, pp. 81 e 112.
[15] Idem, pp. 15-6, 57, 74-5 e 91.
[16] Leopoldo G. García, "El Islán Moderno. Las Fuentes II", em *Revista Ejército*, Madri, número extraordinário 771, jun. 2005, p. 59.
[17] Khaled Hroub, *Hamas: um guia para iniciantes*, Rio de Janeiro, Difel, 2006, pp. 8 e 102.
[18] Daniel Helmer, "O emprego de terroristas suicidas pelo Hezbollah durante a década de 80: desenvolvimento teológico, político e operacional de uma nova tática", em *Military Review*, nov.-dez. 2006, edição brasileira, pp. 67-8, 70 e 72.
[19] Erik Claessen, "Serviços imprescindíveis e sangue: a importância dos serviços básicos na batalha entre insurgentes e contrainsurgentes", em *Military Review*, jul.-ago. 2008, edição brasileira, p. 68.
[20] Basil Henry Liddell Hart, *O outro lado da colina*, Rio de Janeiro, Bibliex, 1980, p. 27.
[21] Charles Krulac, "The Strategic Corporal: Leadership in the Three Block War", *Marines Magazine*, January 1999, disponível em <www.au.af.mil/au/awc/awcgate/usmc/strategic_corporal.htm>, acesso em: 6 jan. 2015.
[22] Antônio José Oliveira, *Resolução de conflitos: o papel do instrumento militar no atual contexto estratégico – o exemplo do Kosovo*, Lisboa, Esfera do Caos, 2011, pp. 90-1.
[23] Christopher O. Bowers, "Operações nas futuras megacidades: lições da Cidade de Sadr", em *Military Review*, set.-out. 2015, edição brasileira, pp. 53-4.
[24] Francis Albert Cotta, "A crise da modernidade e a insegurança social", em *Mneme*, v. 7, n. 14, 2005, disponível em <https://periodicos.ufrn.br/mneme/article/view/284/259 >, acesso em: 18 jun. 2017.
[25] Antônio José Oliveira, op. cit., p. 44.
[26] Citado por William Mendel, "Operação Rio: retomando as ruas", em *Military Review*, 1º trimestre 1998, edição brasileira, p. 78.
[27] Samuel P. Huntington, *O choque de civilizações e a recomposição da ordem mundial*, Rio de Janeiro, Bibliex, 1998, pp. 68-9, 89 e 153.
[28] Megan Scully, "Social Intel: New Tool for U.S. Military", *Defense News*, abr. 2004.
[29] Ron Sargent, "Esclarecedores Estratégicos para Cabos Estratégicos", em *Military Review*, edição brasileira, jul.-ago. 2005, p. 15.
[30] FM 3-24 Counterinsurgency, Combined Arms Center (CAC), Fort Leavenworth: capítulo VII, Liderança e ética na contrainsurgência, em *Military Review*, edição brasileira, jul.-ago. 2007, p. 5.
[31] Álvaro de Souza Pinheiro, "O conflito de 4ª geração e a evolução da guerra irregular", em *Padaceme*, n. 16, 2007, disponível em <http://portal.eceme.ensino.eb.br/meiramattos/index.php/RMM/article/viewFile/258/227 >, acesso em 22 maio 2009.
[32] Mércio Pereira Gomes, *Antropologia: ciência do homem, filosofia da cultura*, São Paulo, Contexto, 2008, p. 43.
[33] Moisés Naím, *O fim do poder: nas salas de diretoria ou nos campos de batalha, em Igrejas ou Estados, por que estar no poder não é mais o que costumava ser?*, São Paulo, LeYa, 2013, p. 158.
[34] Antônio José Oliveira, op. cit., p. 45.
[35] Moisés Naím, op. cit., p. 165.

Desconstruindo um futuro distópico

Para que o mal triunfe basta que os homens de bem nada façam.
Edmund Burke

Vivemos em um mundo profundamente afetado pela revolução digital. A dinâmica dos conflitos armados não admite mais interpretações assentadas nos mesmos preceitos teórico-doutrinários que regeram as guerras na Era Industrial. Todavia, estadistas e soldados, ainda, insistem em fazê-lo, alegando a atemporalidade da verdadeira estratégia, a existência de princípios de guerra imutáveis, além de inúmeros precedentes históricos.

Essa rigidez intelectual nos impede de: (1) compreender com exatidão a natureza dos conflitos e as causas da violência; (2) estruturar adequadamente o problema, destrinçando toda sua complexidade; (3) formular políticas de Estado coerentes; (4) fazer uso eficaz do poderio bélico, a fim de obter efeito militar decisivo; e (5) encontrar soluções duradouras que sedimentem o caminho para uma paz dig-

166 A GUERRA NA ERA DA INFORMAÇÃO

na de credibilidade. Se observarmos os conflitos armados da década de 1990, por exemplo, veremos que nenhum deles terminou com uma solução estável – há quase três décadas, desde o fim da Guerra Fria, todas as decisões sobre guerra e paz têm sido improvisadas.[1]

De acordo com a avaliação de Eric Hobsbawm:

> O século XX foi o mais mortífero de toda a história documentada. O número total das mortes causadas pelas guerras do século ou associadas a elas foi estimado em 187 milhões de pessoas, o que equivale a 10% da população mundial em 1913. Se considerarmos 1914 como seu início real, foi um século de guerras praticamente ininterruptas, com poucos ou breves períodos em que não houve conflitos armados organizados em algum lugar. Ele foi dominado por guerras mundiais: ou seja, guerras entre Estados territoriais ou alianças de Estados.
>
> [...] O mundo como um todo não teve paz desde 1914 e não está em paz agora.
>
> [...] Existe, no entanto, uma diferença marcante entre o século XXI e o XX: a ideia de que a guerra acontece em um mundo dividido em áreas territoriais que estão sob a autoridade de governos efetivos que detêm o monopólio dos meios de coerção e poder público deixou de ter aplicação.
>
> [...] No início do século XXI, encontramo-nos num mundo em que as operações armadas já não estão essencialmente nas mãos dos governos ou dos seus agentes autorizados, e as partes disputantes não têm características, status e objetivos em comum, exceto quanto à vontade de utilizar a violência.
>
> [...] tanto a estrutura dos conflitos armados quanto os métodos para sua resolução modificaram-se profundamente com as transformações sofridas pelo sistema internacional de Estados soberanos.
>
> [...] No século XXI, as guerras provavelmente não serão tão mortíferas quanto foram no século XX. Mas a violência armada, gerando sofrimentos e perdas desproporcionais, persistirá, onipresente e endêmica – ocasionalmente epidêmica –, em grande parte do mundo. A perspectiva de um século de paz é remota.[2]

Os Estados nacionais, como entes políticos, ainda competem acirradamente entre si. Todavia, têm diversificado as formas de enfrentamento e procurado reduzir a visibilidade das ações estratégicas, em face de uma opinião pública, cada vez mais, intolerante e impaciente, e menos disposta a arcar com os custos de uma guerra total. Guerra cibernética, guerra da informação, guerra psicológica, guerra híbrida e operações clandestinas (*"Black Ops"*) são, apenas, alguns dos recursos largamente empregados, de modo conjugado, com alternativas não militares, visando a complementar, apoiar, ampliar ou mesmo evitar uma confrontação formal.

Contudo, o atual ambiente de conflito, por suas características, tem oferecido um destacado protagonismo a atores armados não estatais. É o que se pode observar nas guerras entre os Estados, a exemplo da disputa envolvendo os governos da Ucrânia e da Rússia na bacia do rio Donets; assim como nas lutas internas travadas contra o poder do próprio Estado, como ocorre desde março de 2011 na guerra civil síria.

Grupos rebeldes, organizações terroristas, movimentos insurgentes e quadrilhas armadas possuem motivações diversas, não necessariamente centradas em uma agenda política. Até mesmo organizações criminosas e gangues territoriais têm desenvolvido o potencial de desestabilizar gravemente a ordem interna, extrapolando as fronteiras nacionais por meio de suas práticas delituosas e conexões globais.

Os países latino-americanos, em particular, têm se mostrado incapazes de vencer a delinquência criminal organizada. Facções como Los Zetas, Mara Salvatrucha (MS-13), Barrio 18, Comando Vermelho (cv) e Primeiro Comando da Capital (pcc), dentre tantas outras, coexistem com grupos que se originaram de causas políticas e ideológicas, mas que acabaram absorvidos pelo vigor da economia ilegal, como as Forças Armadas Revolucionárias da Colômbia (Farc), o Exército de Libertação Nacional (eln), o peruano Sendero Luminoso e o Exército do Povo Paraguaio (epp), por exemplo.

De acordo com o professor Alcides Costa Vaz, da Universidade Nacional de Brasília, defrontamo-nos, atualmente, com *ameaças armadas não estatais hiperdifusas*. O cientista político Vicente Torrijos interpreta a convergência de ameaças críticas no pós-conflito colombiano segundo a perspectiva de uma *insurgência terrorista criminal*, descrevendo-a como uma tendência desanimadora em nosso continente. Enquanto isso, André Luís Woloszyn se vale do termo *terrorismo criminal* para explicar as ondas de ataques do PCC. O tenente-coronel Eduardo de Oliveira Fernandes, da Polícia Militar do Estado de São Paulo (PM-SP), por sua vez, analisou o cenário da criminalidade no Brasil formulando um *desenho assimétrico pós-moderno*, que engloba, a um só tempo, guerra irregular, terrorismo doméstico e crime organizado (Figura 4).

Figura 4 – Desenho assimétrico pós-moderno

Fonte: FERNANDES, 2012: 125.

Seria razoável admitir, portanto, que estamos diante de um fenômeno um "pouco" mais complexo do que uma mera crise conjuntural na ordem pública. Na verdade, as soluções pré-formatadas que trouxemos da Era Industrial, como a rígida segregação entre segurança pública e segurança nacional, por exemplo, não têm sido suficientes para explicar e, tampouco, atender às crescentes demandas da sociedade nas primeiras décadas do século XXI.

ANOMIA E BARBÁRIE

A civilização não erradicou a barbárie. A despeito de todo progresso da humanidade, persiste a crueldade abjeta gerada pelo uso da força desprovido de limites. As causas dessa violência constituem um mosaico intrincado e complexo de fatores sociais, políticos e econômicos. Porém, hoje, sua motivação primária é decorrente do grave quadro de desagregação normativa denominado anomia.

O sociólogo francês Émile Durkheim foi o primeiro a fazer menção ao termo, quando se dedicou à análise dos desafios provenientes da modernidade. Segundo Jessica Coracini:

> O conceito de anomia desempenha um papel importante na sociologia, principalmente no estudo das mudanças sociais e de suas consequências. [A anomia se dá] quando as regras sociais e os valores que guiam as condutas e legitimam as aspirações dos indivíduos se tornam incertos, perdem o seu poder ou, ainda, tornam-se incoerentes ou contraditórios devido às rápidas transformações da sociedade.[3]

Mudanças que incidem sobre os fundamentos da sociedade tendem a gerar novas expectativas, percepções e desejos, colocando à prova o tradicional corpo de crenças e valores que proporciona sentido existencial a cada indivíduo do grupo. Quando as aspirações individuais e coletivas se tornam dissonantes das normas culturais preestabelecidas, dá-se início a um processo de desarranjo social que, invariavelmente, resultará em alguma forma de violência.

170 A GUERRA NA ERA DA INFORMAÇÃO

Ao longo de todo este trabalho, enfatizamos, repetidas vezes, o fato de vivermos um momento de transição histórica. Abandonamos o modelo das sociedades industriais para nos tornarmos sociedades da Era da Informação. Portanto, devemos refletir acerca das implicações do advento de uma ordem pós-industrial sobre o corpo de crenças e valores das diferentes culturas que habitam o planeta.

Tais transformações podem suplantar, em amplitude, ritmo e profundidade, os sistemas adaptativos dos agrupamentos humanos, em termos culturais. Em casos extremos, a incapacidade de uma sociedade adequar seu corpo de crenças e valores pode levar à erosão definitiva da cultura, como aconteceu com muitos povos indígenas originários do Brasil, cujo processo de transfiguração étnica[4] os fez perecer.

O período de redefinição e acomodação de novos padrões éticos, em face de intensas mudanças, pode contribuir para o surgimento de um estado de desordem moral extremamente perigoso. Tal fato explica, em parte, a tentativa de erradicação física de judeus e outras minorias nos campos de extermínio nazistas durante a Segunda Guerra Mundial, por exemplo. Naquela ocasião, a humanidade se valeu de alguns preceitos científicos evolucionistas (em particular as teorias de eugenia), mobilizou a burocracia do Estado e coordenou o emprego da moderna tecnologia industrial para cometer seu crime mais nefasto. É profundamente perturbadora a constatação de que a maioria dos algozes nazistas responsáveis, direta ou indiretamente, pelo holocausto tenham sido pessoas comuns – um alerta dramático daquilo que o ser humano é capaz de fazer sob determinadas circunstâncias.

Seguindo a mesma dinâmica sociológica, na anomia gerada pela globalização e pelo advento da Era da Informação tem-se a origem de toda selvageria do mundo atual – das atrocidades praticadas por salafistas jihadistas, no Oriente Médio, aos crimes hediondos perpetrados por quadrilhas armadas na América Latina, incluindo o Brasil. De acordo com o arcebispo Dom Odilo Scherer, "o alastrar-se da violência está sinalizando para uma desorientação cultural, em que há pouca adesão a referenciais éticos compartilhados, ou mesmo a falta deles".[5]

Ou seja, muito da barbárie e da violência extremista resulta do colapso moral decorrente do hiato gerado entre o corpo de crenças e valores que tradicionalmente dão sustentação à sociedade e o ritmo acelerado das mudanças sociais, políticas, econômicas e tecnológicas ora em curso. Em um artigo intitulado "A crise da modernidade e a insegurança social", o tenente Francis Cotta, da Polícia Militar de Minas Gerais (PM-MG), faz associação entre "vácuo civilizatório" e o crescimento da violência:

> As mudanças sociais profundas e rápidas podem dar origem a crises sociais extensas e duradouras, ocasionando instabilidade e promovendo incertezas. O desequilíbrio subsequente é favorável ao desenrolar de processos conflituais, o que eventualmente gera insegurança. Os *valores sociais* são ideias, normas, conhecimentos, técnicas e objetos materiais, em torno dos quais se vão condensando, pela interação social, opiniões e atitudes favoráveis, baseadas sobretudo em opiniões positivas. Pode acontecer que a sociedade se encontre mergulhada numa crise generalizada de valores tradicionais.[6]

Em seu consagrado estudo sobre o ato de matar, o tenente-coronel Dave Grossman, professor de psicologia da academia militar de West Point, se referiu a uma epidemia global de violência, relacionando-a, em parte, à fragilidade social:

> Centenas de fatores podem convencer a parte anterior do cérebro a colocar uma arma em nossa mão e nos fazer avançar até certo ponto: pobreza, drogas, gangues, líderes, política e a aprendizagem da violência por intermédio da mídia – este último, ainda mais forte quando as pessoas provêm de lares desestruturados e estão em busca de modelos de comportamento.

172 A GUERRA NA ERA DA INFORMAÇÃO

> [...] Na sociedade de nossos dias, a estrutura familiar vem se fragmentando, e, até mesmo em famílias solidamente constituídas, as mães sofrem enormes pressões econômicas e sociais para trabalhar fora. Mães solteiras, lares desfeitos, crianças com a chave de casa e pais negligentes são cada vez mais a norma.
>
> [...] A maneira como bombeamos a violência da mídia para dentro das favelas é igualmente genocida. Nesses guetos, o estímulo à violência veiculada pelos meios de comunicação social corresponde, moralmente, a gritar "fogo!", em um cinema apinhado de gente. Em consequência, o assassinato é a principal causa da morte dos adolescentes negros do sexo masculino, e 25% de todos os negros na casa dos 20 anos [nos Estados Unidos] encontram-se na prisão ou em liberdade condicional ou sob *sursis*.
>
> Se isso ainda não for genocídio, está muito perto.[7]

Tanto a completa desagregação social causadora do caos e da anarquia quanto sua antítese, a adesão a ideias ultrarradicais como o nacionalismo chauvinista ou o extremismo religioso, têm como origem as frustrações e o vazio de pensamento que acometem indivíduos de todos os extratos sociais – pessoas que deixaram de encontrar respostas, conforto, coerência e identidade no seio de sua própria comunidade. Essa dinâmica conduz invariavelmente à prática de atrocidades e a "banalização do mal".

À anomia se soma o processo de brutalização imposto a toda sorte de excluídos e delinquentes em guerras, campos de refugiados, presídios, guetos e favelas ao redor do mundo. Tanto o infame Estado Islâmico quanto algumas das principais facções criminosas do Brasil têm suas origens no cárcere, por exemplo. As prisões israelenses também têm desempenhado um papel histórico importante na radicalização de muitos militantes do Hamas, uma vez que o próprio Movimento se vale do confinamento nos centros de detenção para difundir seu proselitismo entre os prisioneiros.

A combinação de anomia e brutalização explica a ausência absoluta de limites. Perderam-se os mais tênues traços de racionalidade e humanidade. Execuções extrajudiciais, assassinatos de inocentes, torturas, imolações, decapitações e esquartejamentos tornaram-se o insumo básico para a propaganda extremista, cuja audiência global pode ser facilmente alcançada por meio da moderna tecnologia da informação. Ademais, a crise de poder e legitimidade do Estado-nação, a ruptura do monopólio do uso da força e a admissão de espaços anárquicos têm gerado as condições necessárias de tempo e espaço para que a barbárie desprovida de limites seja praticada livre e impunemente.

ESTADOS FALIDOS, ÁREAS NÃO GOVERNADAS E CONTROLE TERRITORIAL

Os Estados falidos ou em vias de falência se inserem na agenda internacional como fontes perenes de instabilidade e insegurança. Eles podem ser definidos como entidades políticas débeis, carentes de legitimidade, que, em virtude da profunda deterioração do quadro político, econômico, social e/ou ambiental, tornam-se inoperantes, dando lugar, total ou parcialmente, a estruturas paralelas de poder, as quais levam à erosão definitiva das instituições nacionais, a condição de anarquia e, invariavelmente, as mais diferentes e brutais formas de violência armada e degradação da condição humana. Segundo Eric Hobsbawm, nos Estados falidos, "ocorre o virtual colapso da efetividade dos governos centrais, ou uma situação endêmica de conflito armado interno".[8]

No ano de 2015, Sudão do Sul, Somália e República Centro-Africana foram considerados, pela ONG norte-americana Fund for Peace, os Estados mais frágeis do planeta. Iêmen, Afeganistão, Síria e Iraque, países flagelados pelo sectarismo fratricida, também se encontravam no topo da lista publicada pela conceituada revista *Foreign Policy*.[9]

174   A GUERRA NA ERA DA INFORMAÇÃO

A proposição do conceito de "Estados falidos" fomentou, ainda mais, o controverso debate acerca de governança, soberania e direitos humanos. Como a professora Marília Carolina Barbosa de Souza reconhece:

> [...] a desconstrução da ideia de que os Estados são unidades fechadas e plenamente capazes de exercer de forma exitosa sua soberania sobre seu território, somada a essa ampliação conceitual de falência estatal, abre espaço para que se estabeleça uma relação entre falhas de governança estatal e segurança internacional.[10]

Para John Gray:

> Não é inconcebível que as grandes potências voltem novamente a entrar em guerra umas com as outras. Mas hoje muito dos conflitos mais incontroláveis são guerras pós-clausewitzianas. A guerra não convencional que envolve o ataque aos funcionários do governo e à população civil que foi praticada no Vietnã, em Angola, na Irlanda do Norte, no País Basco, em Sri Lanka, Israel, Argélia e em muitos outros lugares. O que é novo no tipo de guerra não convencional que surgiu na década de 1990 é ter-se desenvolvido no contexto de Estados corroídos ou fracassados.[11]

Segundo o general Raymond Odierno, antigo chefe do Estado-maior do Exército dos Estados Unidos:

> Hoje em dia, a velocidade da instabilidade no mundo é maior do que nunca, com um crescente número de Estados em via de fracassar [...]. A tecnologia e as armas, que eram, outrora, ferramentas exclusivas dos Estados, hoje chegam às mãos de indivíduos descontentes e grupos rebeldes. O volume e velocidade de intercâmbio de informações, a ascensão das megacidades, as tendências urbanísticas e demográficas e a enorme quantidade de conexões entre pessoas e sociedades levaram a distúrbios sociais, políticos e de segurança súbitos, imprevisíveis e instáveis.[12]

Subjacente ao problema dos Estados falidos ou em vias de falência surge a questão das áreas não governadas, também chamadas *black spots*. Trata-se de um termo cunhado por Bartosz Hieronim Stanislawski para designar as áreas ao redor do mundo que se encontram fora de efetivo controle governamental, capazes de gerar e propagar insegurança, a despeito de permanecerem relativamente excluídas da agenda internacional. A abordagem realizada por Stanislawski abrange tanto grupos terroristas quanto organizações criminosas transnacionais, como "males globais" capazes de afetar a segurança e a estabilidade internacional. De acordo com a professora Marília Carolina Barbosa de Souza:

> *"Black spots"* (ou "buracos negros") são áreas localizadas dentro de um Estado, sobre as quais o governo formal não exerce governança alguma. O tipo de ordem vigente nesses territórios é, quase sempre, desconhecido tanto por parte das autoridades governamentais como pela comunidade internacional. Desse modo, as agências de segurança nacionais têm pouca supervisão sobre os *"black spots"*, que se tornam terrenos propícios para que grupos terroristas e criminosos desenvolvam livremente suas atividades ilícitas. O México é um exemplo de país que possui *"black spots"*, já que há regiões em que o poder do Estado não vigora – caso de Ciudad Juárez, onde grupos de narcotráfico impõem suas próprias normas de convivência.

> [...] Trata-se da violência urbana, predominante em grandes cidades de países emergentes. A falha na governança por parte das autoridades centrais do Estado acabam gerando nesses locais pequenos *"black spots"*, situados geralmente em periferias onde as forças policiais não chegam e, por consequência, acaba vigorando normas sociais paralelas às formais. Nesses *"black spots"* operam com frequência gangues e narcotraficantes, que buscam expandir sua influência por regiões estratégicas e obter lucros com suas atividades ilícitas. Para tanto, utiliza-se constantemente a violência.[13]

176 A GUERRA NA ERA DA INFORMAÇÃO

Em 2004, a Agência Central de Inteligência norte-americana (CIA) identificou 50 regiões no mundo sobre as quais os governos nacionais exerciam pouco ou nenhum controle. Na verdade, são raros os países ao redor do planeta que não possuem "bolsões de ilegalidade" conectados a redes globais mais amplas.[14] Segundo Jorge Zaverucha:

> Osama bin Laden instalou sua base de ação no Afeganistão por esse ser um país em que havia ausência do Estado. O mesmo ocorre nas fronteiras da Amazônia ou nas favelas das metrópoles brasileiras. Onde o Estado desaparece, o crime recrudesce. A relação das organizações criminosas com o vácuo de poder, no entanto, é uma das poucas certezas que a ciência ainda pode ter sobre elas.[15]

No interior de *black spots*, todos os elementos que dão forma ao Estado (quais sejam: território, povo, soberania e finalidade) encontram-se profundamente subvertidos por grupos anárquicos que usurpam, essencialmente por meio da violência armada, prerrogativas, até então, exclusivas do poder público. O problema se torna exponencialmente mais grave quando o fenômeno se dá no interior de megacidades. Pois, nessas áreas não governadas, degradadas e densamente povoadas, gangues de infratores, quadrilhas armadas e outros *spoilers* detêm a capacidade de redefinir a dinâmica de interação social e impor regras informais de convivência, além de exercerem influência, direta e indireta, sobre os padrões de comportamento e as normas de conduta da população local, submetendo centenas de milhares de pessoas ao seu efetivo controle. Ou seja, observa-se a territorialização de nichos urbanos, por meio da apropriação do espaço de maneira concreta e abstrata,[16] em detrimento do poder hegemônico do Estado.

Considerando que a incidência de *black spots* se dá, dentre outros fatores, em virtude da incapacidade governamental de atender às demandas e aspirações crescentes da população local, pressão demográfica, *apartheid* social, baixos índices de desenvolvimento humano, dívidas históricas não quitadas, escassez de recursos e preservação de deformidades na estrutura social, sua ocorrência torna evidente que o Estado tem fracassado na promoção do bem comum (motivo pelo qual foi concebido) e, portanto, se encontra desprovido de finalidade. Parafraseando o professor Dalmo de Abreu Dallari, é sinal de que o próprio Estado está mal organizado e afastado dos objetivos que justificam sua existência.

Ademais, no interior de um genuíno *black spot*, o poder soberano do Estado sobre seus elementos materiais (território e povo) deixa de ser, a um só tempo, absoluto, perpétuo, inalienável, uno, indivisível, imprescindível e exclusivo. Ou seja, a soberania, simplesmente, deixa de existir no momento em que a força coercitiva passa a ser exercida por atores armados não estatais de forma ilegítima e arbitrária, alheia às instituições públicas e em franca divergência dos princípios que regem o Estado democrático de direito.

Ainda que a ocorrência de áreas não governadas represente uma flagrante agressão a todos os elementos essenciais do Estado, a concepção ortodoxa de segurança nacional pressupõe, basicamente, que esse tipo de ameaça deveria ser proveniente de outro Estado-nação – jamais de atores armados não estatais (alguns deles desprovidos de motivação política). Recorrendo a uma análise sumária, podemos observar que, ao longo da história moderna e contemporânea, o uso do instrumento militar para debelar movimentos de independência, separatistas, revolucionários ou insurretos se deu com o propósito explícito de assegurar a sobrevivência do Estado ou, pelo menos, para garantir a consecução de seus objetivos políticos, em plena conformidade com os preceitos de segurança nacional, porquanto a missão precípua das forças armadas é a defesa do Estado e dos interesses vitais da nação.

Porém, ao se adotar uma concepção de defesa alicerçada apenas nos preceitos de segurança nacional (*stricto sensu*) e no antiquado paradigma da guerra industrial, tem-se uma visão míope da problemática que envolve as áreas não governadas no interior do Estado, da magnitude do desafio que representam e do papel que eventualmente compete às forças armadas. Por esse motivo, a questão não tem recebido o tratamento de um problema de defesa típico do século XXI – como é de fato. Ao contrário, tem sido interpretada tão somente como mero problema de segurança pública e, portanto, circunscrita à atuação das corporações policiais, embora a situação anárquica e caótica adquira contornos evidentes de um conflito armado pós-industrial.

Nesse sentido, se revela estéril o debate em torno da categorização da violência social: conflito de baixa intensidade (conforme a terminologia empregada durante o período da Guerra Fria para designar "pequenas guerras") ou criminalidade de alta intensidade? Afinal, ambos requerem, basicamente, a mesma abordagem.

Uma vez que a existência de *black spots* expõe abertamente os limites da soberania do Estado sobre seus elementos materiais, bem como sua manifesta incapacidade de atender às demandas básicas de seus cidadãos conforme valores consagrados dos direitos humanos, torna-se imperativo, portanto, que o poder público restaure o controle territorial de forma incondicional e absoluta. Para tanto, faz-se necessária a supressão definitiva das áreas não governadas e a erradicação das ameaças que lhes dão forma – tarefa hercúlea para a qual não existem atalhos.

> O controle territorial tem sido ao longo dos séculos um elemento fundamental na constituição dos Estados modernos. Apesar da constante evolução das teorias, das mudanças paradigmáticas, das renovações conceituais, um elemento que se mantém ao longo do tempo é aquele que outorga ao Estado a missão de exercer o controle sobre seu território. Entretanto,

DESCONSTRUINDO UM FUTURO DISTÓPICO 179

a realização de tal mandato demanda da parte dos governos a aplicação de capacidades, recursos e políticas que, em muitos casos, superam as condições históricas das instituições estatais.

[...] todo Estado vive constantes pressões sobre seu território e estas podem ter origem interna ou externa. As pressões que vêm do exterior, por parte de outros Estados ou de agentes não estatais transnacionais, tendem a diminuir o território, a impor barreiras ou a minar a soberania. Já as pressões provenientes do interior tendem a fragmentá-lo, a dividi-lo e a gerar subterritórios isolados da ordem constituída. É dever do Estado evitar que estes fenômenos ocorram, impedi-los ou diminuir seus impactos.

[...] O território, que foi tradicionalmente um elemento fundamental dos Estados modernos, se encontra, hoje, sujeito a múltiplas ameaças no panorama ambíguo e conflituoso do século XXI. Por isso, exercer a função do controle territorial, para os Estados e para os exércitos, é a cada dia uma tarefa mais complexa, que depende em alguma medida do uso e da produção permanente de informação e conhecimento atualizado sobre as dinâmicas e disputas territoriais entre o Estado e os agentes que pretendem usurpar a tarefa imposta pelo ordenamento jurídico do próprio Estado.

Isto é preocupante, mais ainda no contexto do século XXI, no qual a dinâmica dos fatores e agentes de desestabilização do território é intensa e tende a ampliar-se e a transformar-se, desenvolvendo diversas maneiras de presença e pressão territorial de forma rápida e contundente, especialmente no domínio terrestre. O controle territorial adquire nova importância ante as ameaças que enfrentam os Estados e seus exércitos no presente século.

[...] no século XXI, é urgente a necessidade de novos paradigmas e novas perspectivas de controle territorial estatal.[17]

Ao advogar a adoção de um conceito de *controle territorial sistêmico*, o general Juan Carlos Salazar, chefe do Estado-maior conjunto das Forças Armadas colombianas, destacou que:

180 A GUERRA NA ERA DA INFORMAÇÃO

Os fenômenos que afetam o território apresentam dinâmicas complexas, amplas e irregulares, que requerem para seu controle uma profunda mudança pragmática [por meio do] desenho de estratégias tendentes ao fortalecimento estatal e a consolidação de suas competências sobre o território, para assim minimizar a fragmentação de espaços territoriais, ao mesmo tempo que se garante a efetividade do direito, o desenvolvimento da população, da economia e das instituições.[18]

Uma ação efetiva do Estado que tenha por propósito a supressão de áreas não governadas deve impositivamente contemplar as dimensões física, humana e informacional, tendo sempre em mente que, nos conflitos assimétricos do século XXI, a dimensão física jamais deverá preponderar sobre as demais. O planejador que, inadvertidamente, priorizar as ações cinéticas, atribuindo-lhes um fim em si mesmas, estará fazendo uma opção deliberada pela derrota. Porquanto, a mera reocupação territorial por forças militares e policiais se mostra insuficiente para retomar o efetivo controle do espaço geográfico. Há que se desenvolver uma compreensão holística mais ampla, que incorpore as abordagens securitária, política, econômica, social e informacional, de forma complementar e interdependente, como consta da Tabela 7.

DESCONSTRUINDO UM FUTURO DISTÓPICO   181

Tabela 7 – Retomada do controle territorial sobre áreas não governadas

Controle territorial sistêmico		
Tipo de Controle		**Ações**
D I M E N S Ã O	**Física** / **Controle militar da área**	- Interditar o apoio externo. - Negar a liberdade de ação aos grupos armados. - Desarticular as redes de apoio e simpatizantes ativos. - Desmantelar a estrutura militar das forças adversas, priorizando os alvos dos sistemas logísticos e de comando e controle (lideranças). - Realizar a supressão dos grupos armados organizados.
	Controle policial	- Prover segurança à população local por meio de políticas e práticas de policiamento comunitário e de "polícia cidadã". - Negar a liberdade de ação às organizações criminosas.
	Humana / **Controle social sobre a população civil**	- Negar às forças adversas o atendimento às demandas básicas da população local. - Reassumir as funções sociais do Estado e o atendimento às demandas básicas da população local. - Desarticular as estruturas paralelas de poder e seus mecanismos de controle da população local. - Suprimir a dinâmica social imposta coercitivamente pelas forças adversas, restaurando a dinâmica interna original com justiça e equidade.
	Controle político	- Assegurar a participação da população na tomada de decisões políticas no nível local. - Promover a inserção igualitária, na forma da lei, da população local no sistema político nacional. - Assegurar à população local representatividade e participação no sistema político nacional.
	Controle econômico	- Realizar a supressão das práticas ilícitas e do crime organizado local, visando à descapitalização das forças adversas. - Privar as forças adversas do acesso às suas fontes de renda e formas alternativas de financiamento. - Desenvolver mecanismos que levem à regulamentação da economia informal. - Promover a absorção da economia informal local na cadeia produtiva nacional, por meio de programas de desenvolvimento econômico autossustentáveis, em termos socioambientais.
	Informacional / **Controle da narrativa**	- Desenvolver campanhas agressivas de comunicação estratégica com o propósito de auferir credibilidade, iniciativa e primazia às informações governamentais. - Desenvolver mecanismos eficazes de gestão da informação. - Fortalecer os vínculos de cooperação com os órgãos de imprensa nos níveis local, nacional e internacional.
	Controle cultural	- Combater a anomia que contribui para o avanço de ideias subversivas e práticas delituosas. - Identificar e fortalecer os valores éticos e culturais que historicamente dão coesão e sustentação à sociedade local.
	Controle ideológico	- Desconstruir o proselitismo radical e a pregação ideológica das forças adversas. - Deslegitimar o discurso social da organização de luta armada/facção criminosa. - Oferecer alternativas legais e legítimas de reivindicação social em um sistema político plural.

182 A GUERRA NA ERA DA INFORMAÇÃO

A despeito de toda retórica social demagógica, o engajamento de forças na dimensão física é crucial e impreterível. Mas, infelizmente, os Estados que se defrontam com o desafio de restabelecer o controle territorial sobre áreas não governadas, quase sempre, concentram seus esforços em ações militares e policiais de cunho eminentemente repressivo. Na verdade, lhes faltam recursos orçamentários, capital político, vigor e determinação para implementar medidas eficazes na dimensão humana, ao mesmo tempo que demonstram grande inépcia no domínio informacional. Trava-se, assim, uma guerra inútil contra os sinais aparentes da desordem social, ignorando a enorme complexidade do problema. De acordo com Bernardo Sorj:

> [Deve-se] estabelecer uma relação entre os problemas de segurança e de desenvolvimento, mas sem reduzi-los um ao outro. Uma agenda de segurança insensível a questões de desigualdade global e nacional, epidemias, degradação do meio ambiente, frustração das expectativas e pobreza relativa, estará condenada a travar uma guerra contra os sintomas.
>
> [...] Não fundir problemas sociais diferentes – embora eles se inter-relacionem, cada um tem sua própria dinâmica e requer políticas e instituições específicas. Reconhecer as inter-relações de problemas como violência e pobreza não implica uma visão reducionista das questões sociais e/ou de segurança. Conforme pesquisas sociológicas demonstram, não são necessariamente os setores mais pobres da população urbana que se envolvem em crimes; e a violência armada, uma vez consolidada, tem uma dinâmica até certo ponto autônoma.
>
> [...] Novas formas de violência organizada, que diluem as fronteiras entre defesa nacional e segurança pública interna, exigem a redefinição do papel das forças armadas e da polícia, e a elaboração de formas de cooperação entre ambas.[19]

A erradicação de áreas não governadas, a supressão de atores armados não estatais e a restauração do monopólio do uso da força tornaram-se questões cruciais, diretamente relacionadas à promoção do bem comum e a salvaguarda dos direitos humanos. Obviamente, a recomposição da soberania e do poder coercitivo do Estado deve estar rigidamente atrelada ao princípio da *legalidade*, sem o qual o poder público jamais poderá reivindicar a *legitimidade* que o Estado de direito requer. Transigir com grupos insurgentes, organizações terroristas, redes criminosas, gangues violentas e quadrilhas armadas significa impelir a sociedade, de forma irremediável, para o caos, condenando-a a toda sorte de violência e arbitrariedade num futuro anárquico e distópico.

NOTAS

[1] Eric Hobsbawm, *Globalização, democracia e terrorismo*, São Paulo, Companhia das Letras, 2007, pp. 32-3.

[2] Idem, pp. 21-2-3, 30-1-5.

[3] Jessica Coracini, "Positivismo – conceito de anomia", disponível em <http://www.ebah.com.br/content/ABAAAfpWMAB/anomia >, acesso em: 16 jun. 2017.

[4] Darcy Ribeiro, *Os índios e a civilização: a integração das populações indígenas no Brasil moderno*, São Paulo, Companhia das Letras, 1996, p. 241.

[5] Eduardo Maia Betini e Cláudia Tereza Sales Duarte, *Curso de UDF: uso diferenciado da força*, São Paulo, Ícone, 2013, p. 63.

[6] Francis Albert Cotta, "A crise da modernidade e a insegurança social", em *Mneme*, v. 7, n. 14, 2005, disponível em <https://periodicos.ufrn.br/mneme/article/view/284/259 >, acesso em: 18 jun. 2017.

[7] Dave Grossman, *Matar!: um estudo sobre o ato de matar e o preço cobrado do combatente e da sociedade*, Rio de Janeiro, Bibliex, 2007, pp. 22-47.

[8] Eric Hobsbawm, op. cit., p. 87.

[9] Foreign Policy, "Fragile States Index", disponível em <http://foreignpolicy.com/2015/06/17/fragile-states-2015>, acesso em 25 nov. 2015.

[10] Marília Carolina Barbosa de Souza, "O conceito de áreas não governadas ou *black spots* e os desafios políticos e teóricos para a agenda de segurança do pós-Guerra Fria", disponível em <http://www.academia.edu/10361096/O_Conceito_de_%C3%81reas_N%C3%A3o_Governadas_ou_Black_Spots_e_os_desafios_pol%C3%ADticos_e_te%C3%B3ricos_para_a_agenda_de_seguran%C3%A7a_do_p%C3%B3s-Guerra_Fria>, acesso em: 1 dez. 2015.

[11] Eduardo de Oliveira Fernandes, *As ações terroristas do crime organizado*, São Paulo, Livrus, 2012, pp. 126-7.

[12] Raymond Odierno, "O desenvolvimento de líderes e a gestão de talentos: a vantagem competitiva do exército", em *Military Review*, nov.-dez. 2015, edição brasileira, p. 4.

[13] Marília Carolina Barbosa De Souza, op. cit.

[14] Eric Hobsbawm, op. cit., p. 145.

[15] Eduardo de Oliveira Fernandes, op. cit., p. 128.

[16] Andrelino Campos, *Do quilombo à favela: a produção do "espaço criminalizado" no Rio de Janeiro*, Rio de Janeiro, Bertrand Brasil, 2007, p. 36.

[17] Luis A. Martín Moreno, *El control territorial en el siglo XXI: fundamentos teóricos*, Bogotá, Departamento Ejército, 2017, pp. 15, 16 e 18.

[18] Idem, p. 13.

[19] Bernardo Sorj, Segurança, Segurança Humana e América Latina, em *Sur, Revista Internacional de Direitos Humanos*, v. 2, n. 3, 2005, disponível em <http://www.scielo.br/pdf/sur/v2n3/a04v02n3.pdf >, acesso em 28 nov. 2015.

Os limites da tecnologia

*O desenvolvimento técnico só vai deixar
um único problema por resolver: a
debilidade da natureza humana.*

Karl Kraus

S e uma única palavra pudesse traduzir as expectativas em relação à guerra na Era da Informação, de certo, essa palavra seria "tecnologia". Contudo, não devemos nos esquecer que, no início do século xx, os prognósticos acerca do próximo conflito também se baseavam, essencialmente, no impacto de inovações tecnológicas.

A verdade é que, a despeito do cataclismo provocado pela revolução digital, a mera incorporação de novas ferramentas tem se revelado, por si só, insuficiente para adequar as organizações militares aos cenários pós-industriais. Vários fatores têm concorrido para definir o atual ambiente de conflito. Infelizmente, os avanços da ciência não trouxeram, pelo menos até o momento, respostas

186 A GUERRA NA ERA DA INFORMAÇÃO

satisfatórias para todo o emaranhado de desafios que envolvem as questões afetas à segurança e a defesa no século XXI.

Espera-se, por exemplo, que o uso da inteligência artificial e o emprego de armas e máquinas remotamente controladas subtraíam parte do protagonismo tradicionalmente atribuído aos soldados. De fato, novos sistemas autônomos de engajamento de alvos oferecem precisão e letalidade surpreendentes na dimensão física da guerra. Porém, essa ideia traz consigo os riscos de se negligenciar a importância do domínio humano do campo de batalha. Em conflitos travados, preponderantemente, em meio à população civil e cujos objetivos estratégicos dependem sobremaneira de seu apoio, *drones* e robôs não substituirão o papel que compete exclusivamente às pessoas no desenvolvimento de laços de empatia e confiança com os habitantes locais. A enorme multiplicidade de atores presentes no teatro de operações também exige que os líderes militares, em todos os níveis da cadeia de comando, demonstrem competência e habilidade para negociar e construir parcerias alicerçadas, fundamentalmente, em relações interpessoais.

A principal transformação, portanto, deve ser decorrente de uma significativa mudança de mentalidade – não, apenas, da disponibilidade de sofisticados recursos tecnológicos. Novas abordagens conceituais devem, necessariamente, preceder e orientar o desenvolvimento de capacidades calcadas em inovações técnico-científicas.

A ARMADILHA TECNOLÓGICA: MICROGERENCIAMENTO DO CAMPO DE BATALHA DIGITAL

O célere, irreversível e imprescindível processo de incorporação de novas ferramentas advindas da revolução digital tem fomentado o mito da tecnologia como panaceia para as agruras e incertezas do combate. Todavia, o cerne do problema está, na verdade, no uso que se pretende dar a toda essa tecnologia e, sobretudo, no tipo de homem que irá empregá-la. Em face da abundante oferta de recursos provenientes das ciências da informação, até mesmo comandantes experientes têm demonstrado uma grande tendência ao microgerenciamento das operações militares. De acordo com o general Gordon Sullivan, do Exército dos Estados Unidos:

> O paradoxo da guerra na Era da Informação é gerenciar uma grande quantidade de informações e resistir à tentação de exercer um controle excessivo. A vantagem competitiva é anulada quando se tenta tomar decisões afetas aos escalões subordinados na cadeia de comando. Todos os pelotões e tripulações de carros de combate têm informações em tempo real sobre o que está acontecendo ao seu redor, a localização do inimigo, e a natureza e direcionamento dos sistemas de armas inimigos. Depois de entendida a intenção do comando, as decisões devem ser descentralizadas para o nível mais baixo possível para que os soldados na linha de frente possam explorar as oportunidades que surgirem.
>
> [...] Expressa claramente, a intenção do comandante permite aos subordinados empreender ações independentes em busca do objetivo da unidade. Isto é especialmente relevante quando, no curso da batalha, surgem oportunidades fugazes que podem ser aproveitadas, com efeito decisivo, se os subordinados demonstram adequada iniciativa.[1]

Portanto, permanece atual e válida a advertência de Helmuth von Moltke, para quem:

> A vantagem que um comandante pensa que pode alcançar através da sua intervenção pessoal contínua é em grande parte ilusória. Ao envolver-se em demasia e assumir para si uma tarefa que pertence a outros, ele destrói sua eficácia. Ele também multiplica suas próprias tarefas a um ponto onde ele não pode cumprir a totalidade delas.[2]

Ademais, em combate, o excessivo controle sobre as ações dos comandos subordinados pode levar a efeitos indesejáveis. Segundo Samuel L. A. Marshall, muitos comandantes, após atribuírem uma missão aos escalões subordinados, são consumidos pela impaciência, exigindo resultados prematuros e exercendo uma pressão indevida sobre os níveis inferiores da cadeia de comando – é a chamada "síndrome do combinado":

> Em combate, observa-se, comumente, o seguinte fenômeno: os comandos, nos diversos escalões, pressionarem de tal modo os seus subordinados exigindo deles informações, que estes, perturbados por essa pressão impertinente e inquietante, transformam em sua principal preocupação conseguir afrouxá-la por qualquer preço ou estratagema.

> [...] A satisfação das exigências do escalão superior torna-se o principal objetivo das operações. É o pior vício em operações e pode atingir qualquer pessoa. A vítima tanto pode ser um comandante de divisão como o de um pelotão. Mas, quando ele se propaga através de toda a hierarquia, até atingir os menores escalões, suas consequências tornam-se intoleráveis.

> [...] Nos combates no Pacífico, encontrei comandantes de companhias que iam se juntar a um pelotão de primeira linha, apenas para se afastarem dos seus telefones. Estavam absolutamente fartos de ouvir os comandantes de batalhão insistirem em querer uma nova informação a cada 15 ou 20 minutos. E o comandante de batalhão – pobre-diabo – estava apenas transmitindo a pressão que, por sua vez, vinha recebendo de um comandante de regimento, o qual procurava apaziguar a divisão.

> [...] Este tipo de comando dos escalões subordinados à longa distância, na maioria dos casos, não é apenas motivado pela procura de informação, mas também a busca de um alívio mental por via telefônica. Contribui pouco ou nada para melhorar o entendimento da situação real e raramente concorre de algum modo para o progresso tático.

[...] Suas consequências mais comuns são: a mentira, o exagero, a distorção da realidade nos escalões subordinados, dando um falso conceito da situação nos escalões superiores.[3]

Na Era da Informação, comandantes em todos os níveis não se devem deixar seduzir pelas possibilidades de microgerenciamento, uma vez que o aumento da capacidade de controle, decorrente dos avanços tecnológicos, não deve se antepor à necessidade tática de prover maior autonomia e liberdade de ação aos escalões subordinados. Ou seja, é importante que a obsessão pelo controle nos escalões superiores não subtraia a eficácia do comando dos líderes subordinados.[4] Afinal, como bem observou o major Timothy McMahon, do Exército dos Estados Unidos, "o controle dá respaldo à função de comando. É um recurso necessário ao comando, porém não é um fim em si mesmo nem oposto a ele".[5] Para David Keithly e Steve Ferris:

> A tecnologia pode ser uma faca de dois gumes, especialmente quando os desenvolvimentos tendem a facilitar uma maior centralização da execução e, em casos extremos, a uma microadministração do campo de batalha. Durante a Guerra do Vietnã, os postos de comando instalados em helicópteros praticamente passaram a ser lugar comum. Em vez de permitir que os oficiais subordinados comandassem no terreno, segundo suas experiências e avaliações sobre circunstâncias específicas, alguns comandantes não resistiram à tentação de dirigir de cima a execução, simplesmente porque isso já era possível de se fazer.[6]

A tendência ao microgerenciamento se torna mais aguda quando um determinado comandante se sente inseguro acerca da liderança, do adestramento, das capacidades e aptidões de seus elementos subordinados. Porém, a única solução para esse tipo de problema é o treinamento militar. O aumento excessivo do controle, no decorrer das operações, não passa de um paliativo – por vezes necessário, mas, ainda assim, um mero paliativo. De acordo com o capitão Thomas Jordan, do Exército dos Estados Unidos:

Os comandantes subalternos devem, sem dúvida, ser instruídos a tomarem decisões e a conduzirem ações inopinadas face à adversidade e ao caos. Infelizmente, um número excessivo de comandantes experientes microadministram seus subordinados com demasiada frequência, porque temem que algo saia errado ou porque pouco confiam na capacidade de seus subordinados de levarem a cabo uma tarefa. O perigo dessa prática é que estes subordinados inevitavelmente aguardarão instruções, não obstante as exigências impostas pela situação ou as oportunidades que se apresentarem. Este, sem dúvida, não é o comportamento que necessitamos para que sejamos vitoriosos![7]

Além disso, o novo modelo de paradigma tecnológico, se mal interpretado e mal utilizado, pode encobrir sérias deficiências tanto nas relações de comando quanto no exercício da liderança pelos comandantes subordinados. Tais vulnerabilidades podem se tornar decisivas no momento do engajamento tático.

Porém, diante da crescente oferta tecnológica e manutenção das usuais relações de comando, os líderes subordinados contarão cada vez menos com autonomia e liberdade de ação, absorvidos por uma centralização excessiva das operações militares e tendência ao microgerenciamento.

Ainda que a incerteza e a confusão não possam ser totalmente eliminadas da batalha, os comandantes têm a opção de deslocá-las pela cadeia de comando, na medida em que adotam maior ou menor grau de controle sobre as ações de seus subordinados. Ou seja, a centralização do comando reduz as incertezas em seu próprio escalão, aumentando-as nos escalões inferiores. A maior descentralização, ao contrário, provoca lapsos de consciência situacional nos escalões superiores, mas diminui as incertezas nos comandos subordinados. O estudo da história militar revela que, quase sempre, a descentralização proporciona melhores resultados do que a centralização.

Cabe destacar que descentralização nada tem a ver com distâncias físicas, sobretudo, em uma era na qual a ciência da informação aproxima, instantaneamente, pessoas em todo o mundo. Descentralização pressupõe a concessão de maior autonomia e liberdade de ação aos elementos subordinados. Faz-se necessária, portanto, a adoção de uma praxe de comando fundamentada em um equilíbrio coerente entre a tecnologia da informação disponível e a necessidade de concessão de autonomia a líderes subordinados.

PERIGO, INCERTEZA, ESFORÇO FÍSICO E ACASO

Na noite de 6 de junho de 1944, o lançamento em massa de 18 mil paraquedistas aliados na costa normanda, sob condições extremamente difíceis, deu início a uma batalha marcada pela incerteza e pela confusão. De acordo com Stephen Ambrose:

> Para a maioria dos paraquedistas o Dia D foi um dia de confusão. Mas, precisamente pelo fato de os americanos estarem confusos, os alemães estavam piores [...].
>
> Graças à iniciativa individual de americanos, alguns deles oficiais generais, alguns oficiais subalternos, alguns suboficiais, alguns recrutas, a 82ª e a 101ª [Divisões Aeroterrestres] conseguiram superar a maioria de suas dificuldades e completar suas missões mais decisivas [...]. A maneira com que a coisa foi feita, todavia, mal se enquadrava nos padrões do manual ou estava de acordo com o plano.
>
> Não havia virtualmente controle global porque era impossível para os generais e os coronéis dar ordens a unidades que ainda não se tinham agrupado. Os grupos que se haviam reunido não estavam cientes de onde se encontravam ou de onde outros grupos estavam.

192 A GUERRA NA ERA DA INFORMAÇÃO

> [...] A radiocomunicação poderia ter superado esse problema, mas a maioria dos rádios tinha sido danificada ou se perdera na queda, e aqueles que estavam funcionando eram inadequados.[8]

Do lado alemão, a situação era ainda pior. Segundo Cornelius Ryan, "os relatórios que chegavam [nos postos de comando da Wehrmacht] eram fragmentados, inconclusivos, tão espalhados que até mesmo os soldados mais experientes estavam céticos e atormentados por dúvidas".[9] Para o veterano brigadeiro Peter Young, "na confusão estabelecida não é de estranhar que os generais de ambos os lados simplesmente ignorassem o que estava acontecendo".[10]

Talvez pareça razoável admitir que o tipo de problema vivenciado no Dia D jamais ocorra em uma refrega de menores proporções, na qual haja maior assimetria entre os poderes relativos de combate de ambos os contendores, além do uso da moderna tecnologia da informação hoje disponível. Porém, a luta travada nas ruas da paupérrima Mogadíscio, nos dias 3 e 4 de outubro de 1993, refuta cabalmente essa ideia. Naquela oportunidade, os bem treinados soldados da Força Tarefa Ranger protagonizaram uma batalha dramática contra guerrilheiros somalis de um clã tribal. A desordem e a confusão caracterizaram os dois dias de combate urbano. De acordo com o jornalista Mark Bowden, as imagens recebidas em tempo real no centro de operações conjuntas do general Willian Garrison, comandante da ação, nem sempre transmitiam "o desespero real da situação".[11]

A pretensão de erradicar a confusão que caracteriza o combate e assegurar a mais absoluta consciência situacional aos comandantes táticos, por meio da tecnologia da informação, é lícita. Mas devemos nos perguntar se ela é factível, sob pena de gerarmos tropas incapazes de sobreviver à desordem da guerra.

Na década de 1990, o Exército dos Estados Unidos despendeu um enorme esforço, a fim de promover uma "revolução em assuntos militares", baseada primordialmente em tecnologia. Seus idealizadores criaram expectativas infundadas de que a tecnologia da informação poderia eliminar por completo as incertezas do campo de batalha e, por conseguinte, do processo decisório. A bem-sucedida campanha de libertação do Kuwait, em 1991, parecia corroborar o êxito da guerra centrada em redes de computadores e do uso eficaz de "armas inteligentes", gerando uma inebriante (e exagerada) sensação de invencibilidade.[12] Porém, não tardou para que as dificuldades encontradas pelas tropas norte-americanas desdobradas no Afeganistão e no Iraque colocassem em evidência as limitações dos modernos sistemas C⁴ISTAR (da sigla em inglês que designa *comando, controle, comunicações, computador, inteligência, vigilância, aquisição de alvos e reconhecimento*). Afinal, tecnologia é imprescindível, mas não é tudo.

Embora a incorporação de novas tecnologias tenha, de fato, ampliado significativamente a capacidade de os comandantes, nos níveis tático e operacional, verem e entenderem o campo de batalha ao seu redor, a "fricção", conforme a descreveu Clausewitz, continua sendo um componente essencial do combate. Portanto, permanece irrefutável a assertiva do célebre oficial prussiano acerca da informação na guerra, segundo a qual:

> As notícias que nos chegam em tempo de guerra são quase sempre contraditórias e, na maior parte, também falsas; as mais numerosas são em grande parte sofrivelmente suspeitas [...] Esta dificuldade não é desprezível quando se trata de planos iniciais elaborados nos gabinetes e fora da zona de guerra propriamente dita; mas ela é infinitamente maior quando as informações se sucedem rapidamente no meio do tumulto da guerra [...]. A tal ponto que, provavelmente, não deve ter havido nenhum empreendimento importante em que o comandante não tenha tido de ultrapassar novas dúvidas no momento da execução.[13]

Além de enfatizar a "incerteza acerca de todos os dados"[14] que chegam até os comandantes em campanha, Clausewitz descreveu a atmosfera da guerra como sendo composta de quatro elementos. Quais sejam: o perigo, a incerteza, o esforço físico e o acaso[15] (Figura 5). Nada disso mudou! A despeito das comunicações de alcance global, da transmissão instantânea de dados pela rede mundial de computadores e das imagens digitais geradas a partir de satélites artificiais, *drones* remotamente pilotados ou câmeras acopladas aos capacetes dos soldados na linha de frente – transmitidas em tempo real para postos de comando *hi-tec* – o combate continua sendo caótico. E o mais importante: o resultado final da batalha é decorrente da soma dos pequenos engajamentos táticos protagonizados pelos menores escalões, ou seja, a vitória é decorrente da soma dos êxitos individuais,[16] como afirmou o autor de *Vom Kriege* há mais de 180 anos.

Figura 5 – A atmosfera da guerra segundo Clausewitz

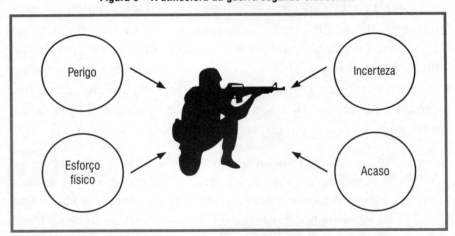

Se, por um lado, imagens em tempo real tendem a não reproduzir com fidelidade "o desespero da situação", por outro, comunicações irrestritas garantem aos comandos superiores acesso imediato a informações não depuradas, diretamente das tropas em contato com o inimigo. Isso faz com que a confusão reinante na linha de frente seja imediatamente transpassada para o topo da cadeia de comando, levando a decisões superiores prematuras, baseadas em dados imprecisos, inconsistentes e contraditórios.

Até o momento, nenhuma tecnologia disponível conseguiu erradicar a incerteza ou névoa da guerra (*"fog of war"*). Talvez porque não seja mesmo possível. De acordo com o capitão Joseph McLamb, do Exército dos Estados Unidos, "apesar da propaganda exagerada, as tecnologias da informação estarão distantes de eliminar a confusão da guerra. A diferença entre a percepção e a verdade certamente irá continuar como parte da guerra para sempre".[17]

Conclusão semelhante foi apresentada por um grupo de pesquisa da academia militar de West Point, dirigido pelo general Peter Chiarelli: "não é possível remover a névoa da guerra por tecnologia centrada em redes".[18]

A revolução digital tem proporcionado a produção, o processamento e a difusão de dados numa escala sem precedentes. Entretanto, o volume de informações gerado a partir de diferentes sensores não corresponde necessariamente ao *conhecimento útil*. Isto é, informação precisa e oportuna para o usuário mais apto a transformá-la em ações concretas e eficazes.

Tal fato se dá, basicamente, por dois motivos: primeiro, pela ortodoxia e rigidez das análises de inteligência. Afinal, de nada serve um volume considerável de dados, se todo conhecimento está sujeito a interpretações ancoradas em pressupostos antiquados. Segundo, pela segregação do conhecimento decorrente do excesso de medidas de contrainteligência que, quase sempre, impõem um ritmo de difusão inferior ao curso dos acontecimentos. Ao tratar dos ensinamentos colhidos durante as guerras do Iraque e do Afeganistão, o general Stanley McChrystal, do Exército dos Estados Unidos, afirmou:

> Nós mudamos a ideia de informação: ao invés de "conhecimento é poder", para uma concepção onde "compartilhar é poder". Isso foi uma mudança fundamental – não foram novas táticas, nem novas armas, nem nada mais. Era a ideia de que nós, agora, fazíamos parte de uma equipe na qual informação tornara-se a conexão essencial entre nós, e não um obstáculo entre nós.[19]

Faz-se necessário, portanto, intensificar a produção e a disseminação do conhecimento, sem ultrapassar a capacidade de

196 A GUERRA NA ERA DA INFORMAÇÃO

gerenciamento da informação, tampouco, provocar a sobrecarga de dados. A disponibilidade do conhecimento útil representa um trunfo importante nas mãos de comandantes ousados.

A ideia de que, em última análise, as perspectivas de êxito ainda recaem sobre as pequenas frações corrobora o pressuposto de que os comandantes, em todos os níveis, devem apoiar e impelir seus líderes subordinados a identificar e explorar as fugazes oportunidades que emergem do caos da batalha, jamais obstruindo-lhes a iniciativa. Infelizmente, é bem mais fácil reconhecer tal fato do que desenvolver os mecanismos de ação necessários para dotar um exército de líderes arrojados, versáteis e habilidosos, apoiados por processos organizacionais eficientes e ferramentas tecnológicas verdadeiramente úteis.

O processo de seleção, formação e treinamento de comandantes táticos é longo e árduo. Todavia, a disponibilidade de líderes capazes de superar a conturbada atmosfera da guerra e sobreviver à desordem da batalha, decidindo com correção e oportunidade, além de ser pré-requisito para o êxito de qualquer exército em campanha, representa, acima de tudo, a própria essência da liderança militar.

AUFTRAGSTAKTIK: O ESTILO PRUSSIANO DE COMANDO

A procura por uma filosofia de comando que harmonize as vantagens tecnológicas com a necessária concessão de autonomia aos escalões subordinados conduz, invariavelmente, ao estudo das relações de comando vigentes no exército da Prússia no final do século XIX e, por conseguinte, ao conceito de *Auftragstaktik*.[20]

Trata-se de uma palavra de origem alemã que, mal traduzida, significa "tática de missão pela finalidade".[21] Refere-se a um estilo de comando que concede grande autonomia aos líderes subordinados, fomentando a iniciativa e a liberdade de ação em todos os níveis hierárquicos.[22] Parte do pressuposto que os menores escalões, especialmente aqueles em contato com o inimigo, estão mais aptos a identificar e explorar as efêmeras oportunidades que surgem em meio à confusão do combate. Afinal, a guerra nada mais é do que "uma sucessão de oportunidades perdidas", vencerá aquele que menos desperdiçá-las.

Ainda que o termo "missão pela finalidade" seja familiar à maioria dos exércitos do mundo, não fornece a exata noção da prática que vigorava nas fileiras prussianas, desde os tempos de Frederico, o Grande (1712-1786). Seus oficiais eram treinados e moldados para agir de forma independente, extrapolando, com frequência, suas esferas de responsabilidade segundo um padrão de iniciativa ousado e agressivo.

> A desobediência de ordens não era incoerente com a filosofia alemã de iniciativa e liberdade de ação. Trevor Dupuy e John English citam a história favorita de Von Moltke sobre o jovem major que, após ter sido repreendido pelo príncipe Carlos Frederico, replicou que ele apenas estava obedecendo ordens. Ao que o príncipe respondeu: "Sua Majestade fez de você um major porque acreditava que você saberia quando não obedecer às ordens". A ênfase residia no fato de que o oficial ou praça alemão tomasse, sem perguntas ou dúvidas, em qualquer situação, as decisões decorrentes de sua observação pessoal.[23]

A Prússia passou a contar com a mais sofisticada instituição militar de seu tempo graças às reformas promovidas pelos generais Scharnhorst e Gneisenau, após as derrotas impostas por Napoleão Bonaparte em Jena-Auerstädt. Embora quase todos os seus oficiais fossem provenientes da aristocracia agrária (*junker*), eram submetidos a um autêntico processo de formação profissional – diferentemente dos demais exércitos daquela época. Se, por um lado, o Exército prussiano apoiava-se em uma cultura onde a iniciativa era verdadeiramente valorizada, por outro, era capaz de gerar comandantes aptos a atenderem às expectativas correspondentes à liberdade de ação que lhes era outorgada.

O conceito de *Auftragstaktik* se incorporou à consagrada tradição militar germânica. Porém, durante a Segunda Guerra Mundial, a obsessão de Adolf Hitler em controlar seus generais, aos quais atribuía a culpa pelos insucessos da Wehrmacht, levou-o a tolher, gradativamente, a iniciativa e a autonomia de seus principais comandantes militares. Ainda assim, cabe observar que "de acordo com o principal manual de campanha alemão da Segunda Guerra Mundial, um comandante subordinado podia mudar ou deixar de cumprir a sua missão dentro da estrutura geral da intenção do comandante imediatamente superior".[24]

Por tudo isso, o Exército prussiano e, depois dele, o Exército alemão tornaram-se, com justa razão, referenciais importantes em termos de relações de comando – a despeito da tecnologia rudimentar de que dispunham.

LIDERANÇA INTERAGÊNCIAS

Como vimos no capítulo anterior, as forças armadas perderam sua hegemonia no interior do teatro de operações. Atualmente, os exércitos se veem obrigados a coexistir, em meio ao combate, com um número significativo de organizações civis, além da própria população local, cuja postura tornou-se fator determinante do sucesso. Diversos atores, e não apenas os soldados, desempenham papel de relevo no curso do conflito e se mostram imprescindíveis para se atingir o estado final desejado, pois uma paz razoável não pode ser alcançada unicamente por meio do poder destrutivo dos canhões.

Imersos em um ambiente interaliado e interagências, complexo e heterogêneo (Figura 6), os comandantes militares defrontam-se com novos desafios de liderança. Não lhes basta apenas conduzir suas tropas em conformidade com as táticas que regem o combate convencional. Tornou-se obrigatório, em todos os níveis da cadeia de comando, interagir, de forma intensa e proativa, com organizações civis, instituições públicas e outras agências de segurança presentes na área de operações.

As forças armadas contam com procedimentos normativos consolidados, decorrentes de uma rígida cultura organizacional calcada, essencialmente, na hierarquia e na disciplina. Seus parceiros civis em potencial, raramente, refletem o mesmo tipo de ordenamento interno. Ademais, as motivações, propósitos, valores institucionais e formas de atuação, embora possam apresentar pontos de convergência, quase nunca são os mesmos.

A unidade de comando, como princípio de guerra consagrado, permanece válida no âmbito das organizações militares. Mas dificilmente constitui uma opção viável no desuniforme ambiente interagências, onde "dar ordens" não é o suficiente para fazer mover toda a engrenagem. Ao contrário, é preciso negociar com técnica, flexibilidade e perspicácia, a fim de se construir consenso acerca dos objetivos da missão, das estratégias a serem adotadas, dos métodos a serem empregados e dos mecanismos que promovam cooperação com sinergia. Tudo isso com extremo dinamismo, pois a revolução das comunicações, virtualmente, aboliu o tempo e as distâncias.[25]

Figura 6 – Relações no ambiente interaliado e interagências

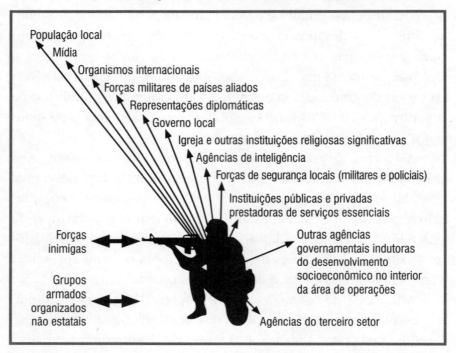

A multiplicidade de atores envolvidos na solução do problema, normalmente, resulta em uma diversificada composição de meios, além de uma complexa arquitetura de governança, comando e controle. Superar o choque entre culturas organizacionais tão distintas e ir além de interesses divergentes exige arranjos criativos, que demandam tempo e energia de todos aqueles que se empenham, genuinamente, na construção de sólidas parcerias interagências.

Nesse contexto, a interação com organizações do terceiro setor se mostra particularmente importante, em virtude da tradicional relutância dos soldados para desenvolverem laços de cooperação alheios à esfera governamental.

Terceiro setor é um termo sociológico originário dos Estados Unidos, que designa o vasto conjunto de iniciativas e atividades privadas de interesse público, sem fins lucrativos, com origem na sociedade civil. Compreende as organizações que não possuem

OS LIMITES DA TECNOLOGIA **201**

vínculos diretos e permanentes com o Estado (primeiro setor) ou com o mercado (segundo setor). De acordo com José Eduardo Marques Mauro e Rubens Naves:

> [Terceiro setor é o] conjunto de atividades espontâneas, não governamentais e não lucrativas, de interesse público, realizadas em benefício geral da sociedade e que se desenvolvem independentemente dos demais setores (Estado e mercado), embora deles possa, ou deva, receber colaboração.[26]

Segundo Salamon e Anheier, cinco componentes estruturais caracterizam as organizações do terceiro setor, a saber: (1) são organizações formalmente constituídas; (2) privadas, isto é, não governamentais; (3) possuem gestão própria; (4) não têm por meta a geração de lucros ou excedentes financeiros; e (5) dispõem, em grau variado, de mão de obra voluntária. Em termos conceituais, o terceiro setor é constituído pelo conjunto de agentes privados, não submetidos ao controle direto do Estado, cujos projetos e ações têm por propósito combater a exclusão social, assegurar direitos individuais e coletivos básicos e/ou preservar o patrimônio ecológico. Constata-se, portanto, que a noção de terceiro setor abrange um universo complexo e heterogêneo de atores sociais como fundações, entidades beneficentes, organizações não governamentais, empresas com responsabilidade social, associações comunitárias, serviços sociais autônomos, sindicatos etc.

A erosão da antiga União Soviética, no início da década de 1990, e o advento da globalização deram grande impulso ao terceiro setor em todo o mundo. De acordo com Rubens Naves:

> A falência do projeto socialista colocou em xeque as propostas da esquerda, que até então conduzira boa parte das reivindicações dos movimentos sociais. Mas, ao mesmo tempo, a realidade continuou mostrando-se insatisfatória para a grande maioria da população. Na medida em que, para muitos, a utopia não encontrou mais sustentação no ideário socialista, proliferaram as associações voluntárias, fenômeno maciço em todo o mundo.

202 A GUERRA NA ERA DA INFORMAÇÃO

[Por outro lado] a ideia de um mundo baseado na dualidade Estado-mercado, com o Estado notoriamente enfraquecido, parece já não corresponder ao figurino ideal talhado para o atendimento dos interesses de toda a sociedade.

[...] A ideia de "sociedade civil" organizada em entidades mais ou menos autônomas surge exatamente dessa lacuna no poder local: a crise de um Estado que é fraco para definir o rumo de uma nação e de seu povo também é, por identidade, a crise de representatividade pela qual o poder estatal se define.

[...] A partir da década de 1990, em que o Estado tem dificuldade de implementar políticas públicas, que se consolida a noção de terceiro setor... Dificilmente haverá volta para o Estado como era concebido, provendo a maior parte dos serviços e políticas públicas por meio de servidores contratados. Isso não significa que o poder público deixe de ser o responsável pela vigência dos direitos elementares da cidadania [...] É preciso destacar que a organização da sociedade civil em instituições fora do aparelho estatal resulta de uma visão participativa da cidadania. Não implica, necessariamente, supressão do poder do Estado.[27]

Segundo Maria Viviane Monteiro Delgado:

Em virtude da atuação ineficiente do Estado, em especial na área social, o terceiro setor vem crescendo e se expandindo em várias áreas, objetivando atender a demanda por serviços sociais, requisitados por uma quantidade expressiva da população menos favorecida, em vários sentidos, de que o Estado e os agentes econômicos não têm interesses ou não são capazes de provê-la [...]. Dado que, tanto o Estado quanto o mercado não conseguem responder aos desafios do desenvolvimento com equidade.[28]

As agências que compõem o terceiro setor, notadamente, as organizações não governamentais possuem características que não podem ser ignoradas ou desprezadas pelos planejadores militares, quais sejam:

OS LIMITES DA TECNOLOGIA **203**

- capacidade de intermediar a relação entre o poder público, os setores produtivos e as camadas mais carentes da população;
- capacidade de articular-se em redes de cooperação locais, nacionais e internacionais;
- capacidade de captar recursos internos e externos, públicos e privados, para financiar projetos próprios;
- disponibilidade de quadros profissionais com qualificação técnica e administrativa;
- capacidade de participar na elaboração e implementação de políticas públicas;
- capacidade de prestar serviços e celebrar convênios e parcerias com o próprio Estado em diferentes esferas da administração pública;
- capacidade de exercer pressão política sobre o Estado; e
- capacidade de influenciar a opinião pública.

Portanto, essas organizações podem se transformar em um valioso aliado ou assumirem uma postura de inflexível antagonismo, dependo da dinâmica das relações desenvolvidas pelos comandantes militares, no interior da área de operações. Angariar-lhes o respeito e a cooperação ou, eventualmente, neutralizar sua oposição tornaram-se tarefas críticas para as tropas desdobradas no terreno.

NOTAS

[1] Gordon R. Sullivan, "Aperfeiçoando a sincronização para alcançar a vitória decisiva", em *Military Review*, 2nd Quarter 1993, edição brasileira, p. 12.

[2] Jim Dunivan, "Abandonando a iniciativa? Comando e controle no campo de batalha digitalizado", em *Military Review*, 3rd Quarter 2004, edição brasileira, p. 2.

[3] Samuel Lyman Atwood Marshall, *Homens ou fogo?*, Rio de Janeiro, Bibliex, 2003, pp. 94-6.

[4] Jack Burkett, "Comando e controle: a chave do sucesso", em *Military Review*, 1st Quarter 1993, edição brasileira, p. 43.

[5] Timothy L. Mc Mahon, "O segredo do sucesso: desenvolver uma filosofia de comando e controle", em *Military Review*, 2º trimestre 1986, edição brasileira, p. 17.

[6] David M Keithly; Steve Ferris, "Auftragstaktik ou controle diretivo em operações conjuntas, combinadas e interaliadas", em *Military Review*, 2nd Quarter 2000, edição brasileira, pp. 24-5.

A GUERRA NA ERA DA INFORMAÇÃO

[7] Thomas M. Jordan, "A intenção do comandante", em *Military Review*, jan.-fev. 1989, edição brasileira, p. 77.

[8] Stephen E. Ambrose, *O Dia D, 6 de junho de 1944: a batalha culminante da Segunda Grande Guerra*, Rio de Janeiro, Bibliex, 1997, pp. 357-8.

[9] Cornelius Ryan, *O mais longo dos dias*, Porto Alegre, L&PM Pocket, 2004, p. 147.

[10] Peter Young, *Dia D*, Rio de Janeiro, Ao Livro Técnico SA, 1982, p. 28.

[11] Mark Bowden, *Falcão Negro em perigo: a história de uma guerra moderna*, São Paulo, Landscape, 2001, p. 145.

[12] Scott Stephenson, "A revolução em assuntos militares: 12 observações sobre uma ideia fora de moda", em *Military Review*, jul.-ago. 2010, edição brasileira, p. 78.

[13] Carl von Clausewitz, *Da guerra*, São Paulo, Martins Fontes, 1979, pp. 127-8.

[14] Idem, p. 153.

[15] Idem, p. 110.

[16] Idem, pp. 238 e 285.

[17] Joseph S. McLamb, "O futuro das ordens de missão", em *Military Review*, 4th Quarter 1999, edição brasileira, p. 58.

[18] Peter W. Chiarelli et al., "Revendo as prioridades para a força futura do exército", em *Military Review*, jan.-fev. 2010, edição brasileira, p. 30.

[19] Stanley A. McChrystal, *O caso militar do compartilhamento de inteligência*, disponível em <https://www.ted.com/talks/stanley_mcchrystal_the_military_case_for_sharing_knowledge>, acesso em 30 mar. 2017.

[20] Roberto Rodrigues, "Auftragstaktik: a arte prussiana de comandar", em *Military Review*, 2nd Quarter 1999, edição brasileira, p. 69.

[21] Antulio J. Echeverria, "Auftragstaktik: sua correta perspectiva", em *Military Review*, 2º trimestre 1987, edição brasileira, p. 58.

[22] Leonardo Ramalho Rodrigues Alves, "A intenção do comandante ou a finalidade da missão", em *Military Review*, 4th Quarter 1999, edição brasileira, p. 63.

[23] Antulio J. Echeverria, op. cit., p. 60.

[24] Thomas M. Jordan, op. cit., p. 76.

[25] Eric Hobsbawm, *Globalização e democracia*, São Paulo, Companhia das Letras, 2007, p. 37.

[26] José Eduardo Marques Mauro e Rubens Naves, "Terceiro setor e suas perspectivas", em *Cadernos de Pesquisa*, Universidade de Caxias do Sul, Pró Reitoria de Pós-Graduação e Pesquisa, v. 7, n. 2, 1999, p. 40.

[27] Jaime Pinsky e Carla Bassanezi Pinsky, *História da cidadania*, São Paulo, Contexto, 2003, pp. 564, 567, 569, 573, 577 e 580.

[28] Maria Viviane Monteiro Delgado, "O terceiro setor no Brasil: uma visão histórica", disponível em <http://http://www.espacoacademico.com.br/037/37cdelgado.htm>, acesso em 18 maio 2009.

Exércitos confrontando moinhos de vento

> *Os exércitos não se preparam para a última guerra [que travaram], preparam-se com frequência para a guerra errada.*
>
> Rupert Smith

O estudo da História nos revela que o mundo sempre esteve em constante transformação. Entretanto, desde a Revolução Industrial na segunda metade do século XIX, a humanidade, impelida pelos avanços incontidos da ciência, tem promovido mudanças em um ritmo tão intenso e acelerado que sua própria capacidade de adaptação tem sido colocada à prova.

Como fenômeno social, a guerra também tem se submetido a grandes alterações. Sua face mais visível está representada na tecnologia de emprego militar e no incrível desenvolvimento da indústria bélica ao longo dos últimos duzentos anos. Porém, o aparato tecnológico encobre modificações estruturais mais profundas, que incidem sobre a própria natureza dos conflitos armados. O maior desafio, portanto, é compreender corretamente essas mudanças, uma vez que o discernimento e a percepção exigidos transcendem o senso comum.

Nesse contexto, parece oportuno recorrer à célebre obra que imortalizou Miguel de Cervantes, *O engenhoso fidalgo Dom Quixote*, para sublinhar uma importante tendência reacionária. Em suas páginas, o autor retratou um personagem estagnado no tempo, a despeito de haver vivido em uma época de grandes transformações. Talvez seja possível fazer uma analogia, traçando um paralelo entre as desventuras do protagonista e o quixotesco conservadorismo que se opõe a uma releitura dos conflitos armados na Era da Informação.

Embora possuísse alma nobre e gentil, o Cavaleiro da Triste Figura mantinha-se obcecado por preceitos e valores de um mundo que já não existia. Negando-se a abdicar dos romances de cavalaria medieval que lhe povoavam o imaginário, Don Quixote preservava incondicional apego a uma cosmovisão antiquada. Assim sendo, demonstrava uma compreensão, profundamente, distorcida da realidade ao seu redor. Consumido por seus próprios devaneios, tornou-se capaz de identificar gigantes ameaçadores onde existiam, tão somente, moinhos de vento, contra os quais se predispunha a lutar. Tamanho desatino foi a causa de seu infortúnio.

Muitos estadistas e soldados se portam como o personagem de Cervantes, negando-se a admitir que, talvez, exista "algo de novo no *front*", isto é, que os conflitos da Era da Informação não possuem necessariamente as mesmas características das guerras promovidas pelas sociedades industriais do século xx. A intransigência revela-se perigosa, pois tem o potencial de transformar as forças armadas em instituições anacrônicas, dispendiosas e ineficazes.

Reconhecer que as guerras, nos dias atuais, não obedecem rigorosamente às mesmas dinâmicas do passado não significa descartar 5 mil anos de história militar, negar a existência de princípios de guerra imutáveis ou rejeitar a atemporalidade da verdadeira estratégia. Sun Tzu e Clausewitz merecem ser lidos e estudados agora, tanto quanto o foram em qualquer época pretérita.

Assim como o general Erich von Manstein se valeu dos ensinamentos de Napoleão em Austerlitz (1805), para arquitetar a vitória alemã contra a França, em maio de 1940, um comandante hábil e competente pode rezar pela mesma cartilha, a fim de lograr êxito nas dimensões humana e informacional do campo de batalha do século XXI. Tal qual o general Zhukov reproduziu, em Stalingrado, a vitória cartaginesa de Aníbal na Batalha de Canne (216 a.C.), um comandante astuto e resoluto, ainda, pode atrair seu oponente para uma armadilha decisiva e mortal. Assim como o almirante William McRaven analisou minuciosamente o resgate de Benito Mussolini, em 1943 nas montanhas do Gran Sasso, para conseguir eliminar Osama bin Laden em Abbottabad no Paquistão, um comandante criativo e engenhoso pode surpreender seu inimigo, valendo-se dos mesmos princípios que nortearam ambas as operações.

Embora não estejamos diante de nada que se revista de absoluto ineditismo, existem pequenas nuances nos conflitos da Era da Informação que nos impedem de assumirmos uma atitude minimalista diante das questões de segurança e defesa, a começar por uma concepção de paz que extrapola a mera ausência de confrontações formais entre Estados nacionais antagônicos.

A despeito daquilo que advogam os mais céticos e recalcitrantes, a aquisição de novas capacidades para operar em um amplo espectro de conflitos não implica em perda ou redução de eficiência nas táticas convencionais de combate. Não se trata de fazer uma opção deliberada por um modelo específico de guerra, abrir mão do poderio bélico convencional ou, tampouco, transformar os "grandes exércitos de aço" em singelas forças de contrainsurgência ou contraterrorismo, com atribuições policiais e desígnios assistencialistas. Trata-se, na verdade, de expandir o portfólio de missões das forças armadas, diversificar seu conjunto de aptidões e agregar novos recursos às organizações militares, a fim de atenderem a uma agenda de defesa ampliada. Trata-se de assegurar que os soldados, preservando o *ethos* de sua profissão, vençam as guerras que suas nações lhes impuserem, independentemente dos contornos que a luta adquira. Afinal, são os exércitos que devem se adaptar aos desafios globais de seu tempo e não o contrário.

Todavia, a maior responsabilidade recai sobre os estadistas, aos quais compete levar a cabo uma política nacional objetiva, que atribua papel coerente ao uso do instrumento militar. Uma política apoiada em mecanismos regulatórios formais, capazes de induzir a dinâmica do ambiente cooperativo interagências, tanto no âmbito doméstico quanto internacional, desenvolvendo ações integradas em todos os campos do poder. Uma política que, possuindo concepção holística, se valha, de forma equilibrada e racional, de meios militares e não militares para salvaguardar os interesses vitais da sociedade.

Entretanto, os conflitos atuais têm se caracterizado por uma significativa dissonância entre as expectativas da opinião pública, a intenção no nível político e a percepção dos líderes militares. Ou seja, o consenso acerca do uso do poderio bélico tem se mostrado incrivelmente frágil, sobretudo, nas ocasiões em que os governos recorrem a ele para se contraporem às ditas "ameaças não tradicionais". Organizações terroristas, grupos insurgentes, milícias patrocinadas por Estados, neoanarquistas, piratas, quadrilhas armadas, gangues territoriais, forças paramilitares associadas a ilícitos transnacionais e, até mesmo, o emprego de tropas em missões de ajuda humanitária têm suscitado um longo e inconclusivo debate sobre o uso do instrumento militar.

Tal fato nos remete, uma vez mais, à obra de Clausewitz, na qual o "filósofo da guerra" advoga a existência de uma "surpreendente trindade" composta de povo, Estado e forças armadas. De acordo com o oficial prussiano, a estratégia ou teoria militar que desconsiderasse algum dos elementos da trindade "ou que estabelecesse entre eles uma relação arbitrária, incorreria imediatamente numa tal contradição com a realidade que só por essa razão seria preciso considerá-la nula".[1]

Contudo, a inobservância da tríade de Clausewitz tem se tornado recorrente. Trata-se de uma tendência bastante perigosa, uma vez que, além de concorrer de modo decisivo para a derrota militar e o malogro do uso da força em seu sentido mais amplo, contribui para que o conflito armado e, por conseguinte, o sofrimento humano se prolonguem indefinidamente. Faz-se necessário, portanto, assegurar que estadistas, soldados e a opinião pública possuam expectativas coerentes entre si e compartilhem o mesmo entendimento acerca das especificidades da guerra na Era da Informação. Caso contrário, a supressão da violência armada e o ideal de uma paz justa e duradoura permanecerão sempre como uma meta inalcançável.

NOTA

[1] Carl Von Clausewitz, *Da guerra*, São Paulo, Martins Fontes, 1979, p. 89.

Bibliografia

AGÊNCIA BRASIL. "Bush anuncia fim da guerra no Iraque, mas não vitória". 2003. Disponível em: <http://memoria.ebc.com.br/agenciabrasil/noticia/2003-05-01>. Acesso em: 10 mar. 2016.

ALEXANDER, Bevin. *A guerra do futuro*. Rio de Janeiro: Bibliex, 1999.

ALVES, Leonardo Ramalho Rodrigues. "A intenção do comandante ou a finalidade da missão". *Military Review*. Fort Leavenworth, edição brasileira, 4th Quarter 1999.

AMBROSE, Stephen E. *O dia D, 6 de junho de 1944*: a batalha culminante da Segunda Grande Guerra. Rio de Janeiro: Bibliex, 1997.

AUDOIN-ROUZEAU, Stéphane. *As grandes batalhas da história*. São Paulo: Larousse do Brasil, 2009.

BAUMANN, Robert F. "Perspectivas históricas sobre a guerra do futuro". *Military Review*. Fort Leavenworth, edição brasileira, 3rd Quarter 1998.

BEEVOR, Antony. *Stalingrado*: o cerco fatal. Rio de Janeiro: Record, 2002.

BELLAVIA, David. *De casa em casa em Fallujah*: uma memória épica da guerra. São Paulo: Larousse do Brasil, 2008.

BETINI, Eduardo Maia; Duarte, Cláudia Tereza Sales. *Curso de UDF*: uso diferenciado da força. São Paulo: Ícone, 2013.

BLAINEY, Geoffrey. *Uma breve história da guerra*. São Paulo: Fundamento, 2014.

BOWDEN, Mark. *Falcão Negro em perigo*. São Paulo: Landscape, 2002.

BOWERS, Christopher. "Operações nas futuras megacidades: lições da Cidade de Sadr". *Military Review*. Fort Leavenworth, edição brasileira, set.-out. 2015.

BRASIL. Estado-Maior do Exército. *Processo de planejamento e condução das operações terrestres*. (EB20-MC10.211, 1ª edição). Brasília: EGGCF, 2014.

BURKETT, Jack. "Comando e controle: a chave do sucesso". *Military Review*. Fort Leavenworth, edição brasileira, 1st Quarter 1993.

BUSH, George. "George Bush anuncia a Nova Ordem Mundial". Disponível em <https://youtu.be/fmomf_d8_6I>, acesso em 7 set. 2016.

_____. *George Bush pai fala sobre uma grande ideia, uma ideia sobre a Nova Ordem Mundial*. Disponível em: <https://youtu.be/a4Vkf6Y5KTs>. Acesso em: 7 set. 2016.

CAMPOS, Andrelino. *Do quilombo à favela*: a produção do "espaço criminalizado" no Rio de Janeiro. Rio de Janeiro: Bertrand Brasil, 2007.

CHIARELLI, Peter W. et al. "Revendo as prioridades para a força futura do exército". *Military Review*. Fort Leavenworth, edição brasileira, jan.-fev. 2010.

CLAESSEN, Erik. "Serviços imprescindíveis e sangue: a importância dos serviços básicos na batalha entre insurgentes e contrainsurgentes". *Military Review*. Fort Leavenworth, edição brasileira, jul.-ago. 2008.

CLAUSEWITZ, Carl Von. *Da guerra*. São Paulo: Martins Fontes, 1979.

CORACINI, Jessica. *Positivismo – conceito de anomia*. Disponível em <www.ebah.com.br>. Acesso em: 16 jun. 2017.

COTTA, Francis Albert. *A crise da modernidade e a insegurança social*. Disponível em <https://jus.com.br>. Acesso em: 18 jun. 2017.

DALLARI, Dalmo de Abreu. *Elementos de teoria geral do Estado*. São Paulo: Saraiva, 2013.

DE OLIVEIRA, Ariana Bazzano. *O fim da Guerra Fria e os estudos de Segurança Internacional: o conceito de segurança humana*. *Aurora*, ano 3, n. 5, 2009. Disponível em <http://www2.marilia.unesp.br/revistas/index.php/aurora/article/view/1221/1088>. Acesso em: 30 nov. 2015.

DE SOUZA, Marília Carolina Barbosa. *O conceito de áreas não governadas ou black spots e os desafios políticos e teóricos para a agenda de segurança do pós-Guerra Fria*. Disponível em <www.ieei-unesp.com.br>. Acesso em: 1 dez. 2015.

DELGADO, Maria Viviane Monteiro. *O terceiro setor no Brasil: uma visão histórica*. Disponível em <http:// www.espacoacademico.com.br>. Acesso em: 18 maio 2009.

DUNIVAN, Jim. Abandonando a iniciativa? Comando e controle no campo de batalha digitalizado. *Military Review*. Fort Leavenworth, edição brasileira, 3rd Quarter 2004.

ECHEVERRIA, Antulio J. "*Auftragstaktik*: sua correta perspectiva". *Military Review*. Fort Leavenworth, edição brasileira, 2º trimestre 1987.

ESCOLA DE COMANDO E ESTADO-MAIOR DO EXÉRCITO DOS ESTADOS UNIDOS. "Guerra do Golfo: operação Desert Shield/Desert Storm". *Military Review*. Fort Leavenworth, edição brasileira, 3º trimestre 1992.

FERNANDES, Eduardo de Oliveira. *As ações terroristas do crime organizado*. São Paulo: Livrus, 2012.

FOREIGN POLICY. *Fragile States Index*. Disponível em: <http://foreignpolicy.com/2015/06/17/fragile-states-2015>. Acesso em: 25 nov. 20015.

FRIEDERICH, Jörg. *O incêndio*. Rio de Janeiro: Record, 2006.

FULLER, John Frederick Charles. *A conduta da guerra de 1789 aos nossos dias*. Rio de Janeiro: Bibliex, 1966.

GADDIS, John Lewis. *História da Guerra Fria*. Rio de Janeiro: Nova Fronteira, 2006.

GARCÍA, Leopoldo G. "El Islán Moderno. Las Fuentes II". *Revista Ejército*. Madri, número extraordinário 771, jun. 2005.

GOEBBELS, Joseph. *Frases impactantes de Joseph Goebbels sobre o regime nazista*. Disponível em <www.mensagens.culturamix.com>. Acesso em: 6 jun. 2017.

GOMES, Mércio Pereira. *Antropologia: ciência do homem, filosofia da cultura*. São Paulo: Contexto, 2008.

GROSSMAN, Dave. *Matar!:* um estudo sobre o ato de matar e o preço cobrado do combatente e da sociedade. Rio de Janeiro: Bibliex, 2007.

GUDERIAN, Heinz. *Panzer líder*. Rio de Janeiro: Bibliex, 1966.

HEDGES, Chris. "What Every Person Should Know About War". Disponível em: <www.nytimes.com/2003/07/06/books>. Acesso em: 13 fev. 2016.

HELMER, Daniel. "O emprego de terroristas suicidas pelo Hezbollah durante a década de 80: desenvolvimento teológico, político e operacional de uma nova tática". *Military Review*. Fort Leavenworth, edição brasileira, nov.-dez. 2006.

HOBSBAWM, Eric. *Globalização, democracia e terrorismo*. São Paulo: Companhia das Letras, 2007.

HROUB, Khaled. *Hamas:* um guia para iniciantes. Rio de Janeiro: Difel, 2006.

HUNTINGTON, Samuel P. *O choque de civilizações e a recomposição da ordem mundial*. Rio de Janeiro: Bibliex, 1998.

BIBLIOGRAFIA **213**

JORDAN, Thomas M. "A intenção do comandante". *Military Review*. Fort Leavenworth, edição brasileira, jan.-fev. 1989.

JUKES, Geoffrey. *Stalingrado*: o princípio do fim. Rio de Janeiro: Renes, 1974.

KEEGAN, John. *Atlas of the Second World War*. London: Times Books, 1994.

_____. *Barbarossa*: a invasão da Rússia. Rio de Janeiro: Renes, 1974.

KEITHLY, David M; FERRIS, Steve. "*Auftragstaktik* ou controle diretivo em operações conjuntas, combinadas e interaliadas". *Military Review*. Fort Leavenworth, edição brasileira, 2nd Quarter 2000.

KERSHAW, Ian. *De volta do inferno*: Europa, 1914-1919. São Paulo: Companhia das Letras, 2016.

KISSINGER, Henry. *Diplomacia*. São Paulo: Saraiva, 2012.

_____. *Ordem mundial*. Rio de Janeiro: Objetiva, 2015.

KRULAC, Charles. "The Strategic Corporal: Leadership in the Three Block War". *Marines Magazine*. January 1999. Disponível em: <www.au.af.mil/au/awc/awcgate/usmc/strategic_corporal.htm>. Acesso em: 6 jan. 2015.

LAWRENCE, Thomas Edward. *Os sete pilares da sabedoria*. São Paulo: Círculo do Livro, s.d.

LEONARD, Rogers Ashley. *Clausewitz*: trechos de sua obra. Rio de Janeiro: Bibliex, 1988.

LIANG, Qiao; Xiangsui, Wang. *Unrestricted Warfare*. Beijing: People's Liberation Army Literature and Arts Publishing House, 1999.

LIDDELL HART, Basil Henry. *O outro lado da colina*: ascensão e queda dos generais alemães, com seus depoimentos acerca dos acontecimentos militares de 1939-1945. Rio de Janeiro: Bibliex, 1980.

LIND, William S. "Compreendendo a guerra de quarta geração". *Military Review*. Fort Leavenworth, edição brasileira, jan.-fev. 2005.

MALLENTHIN, F. W von. *Panzer Battles*: a Study of the Employment of Armor in the Second World War. New York: Ballantine Books, 1971.

MARSHALL, Samuel Lyman Atwood. *Homens ou fogo?* Rio de Janeiro: Bibliex, 2003.

MATOS, Sérgio Ricardo Reis; Cruz, Manuel Adalberto Carlos Montenegro Lopes da. "Temática de segurança segundo o prisma das teorias de relações internacionais: um debate". *Revista da Escola de Guerra Naval*. Rio de Janeiro, v. 19, n. 2, jul.-dez. 2013.

MAURO, José Eduardo Marques; Naves, Rubens. "Terceiro setor e suas perspectivas". *Cadernos de Pesquisa*. Universidade de Caxias do Sul, Pró Reitoria de Pós-Graduação e Pesquisa. v. 7, n. 2, 1999.

McCHRYSTAL, Stanley A. "O caso militar do compartilhamento de inteligência". Disponível em: <https://www.ted.com/talks/stanley_mcchrystal_the_military_case_for_sharing_knowledge>. Acesso em: 30 mar. 2017.

McINNIS, Edgar. *História da Segunda Guerra Mundial*. Porto Alegre: Globo, 1949.

McLAMB, Joseph S. "O futuro das ordens de missão". *Military Review*. Fort Leavenworth, edição brasileira, 4th Quarter 1999.

McMAHON, Timothy L. "O segredo do sucesso: desenvolver uma filosofia de comando e controle". *Military Review*. Fort Leavenworth, edição brasileira, 2º trimestre 1986.

McNEILLY, Mark. *Sun Tzu e a arte da guerra moderna*. São Paulo: Record, 2003.

MENDEL, William. "Operação Rio: retomando as ruas". *Military Review*, Fort Leavenworth, edição brasileira, 1º trimestre 1996.

MORENO, Luis A. Martín. *El control territorial en el siglo XXI*: fundamentos teóricos. Bogotá: Departamento Ejército, 2017.

MOUNTCASTLE, Clay. "O mito da nova complexidade". *Military Review*. Fort Leavenworth, edição brasileira, mai.-jul. 2016.

NAÍM, Moisés. *O fim do poder*: nas salas de diretoria ou nos campos de batalha, em Igrejas ou Estados, por que estar no poder não é mais o que costumava ser? São Paulo: LeYa, 2013.

ODIERNO, Raymond. "O desenvolvimento de líderes e a gestão de talentos: a vantagem competitiva do exército". *Military Review*. Fort Leavenworth, edição brasileira, nov.-dez. 2015.

OLIVEIRA, Antônio José. *Resolução de conflitos*: o papel do instrumento militar no atual contexto estratégico – o exemplo do Kosovo. Lisboa: Esfera do Caos, 2011.

214   A GUERRA NA ERA DA INFORMAÇÃO

PATTON JR, George S. *A guerra que eu vi*. Rio de Janeiro: Bibliex, 1979.

PINHEIRO, Álvaro de Souza. *As considerações civis, o terreno humano e os conflitos do século XXI*. No prelo.

_____. *Crises e conflitos no século XXI*: a evolução das forças de operações especiais. No prelo.

_____. *O conflito de 4ª geração e a evolução da guerra irregular*. Disponível em: <http://portal.eceme. eb.mil.br/meiramattos/index.php/RMM/article/view/258/227>. Acesso em: 22 maio 2009.

PINSKY, Jaime; PINSKY, Carla Bassanezi. *História da cidadania*. São Paulo: Contexto, 2003.

PHILLIPS, P. Michael. Desconstruindo o nosso futuro de idade das trevas. *Military Review*. Fort Leavenworth, edição brasileira, jul.-ago. 2010.

RIBEIRO, Darcy. *Os índios e a civilização*: a integração das populações indígenas no Brasil moderno. São Paulo: Companhia das Letras, 1996.

RODRIGUES, Roberto. *"Auftragstaktik*: a arte prussiana de comandar". *Military Review*. Fort Leavenworth, edição brasileira, 2nd Quarter 1999.

RYAN, Cornelius. *O mais longo dos dias*. Porto Alegre: L&PM Pocket, 2004.

SARGENT, Ron. "Esclarecedores estratégicos para cabos estratégicos". *Military Review*. Fort Leavenworth, edição brasileira, jul.-ago. 2005.

SCHUBERT, Frank N.; KRAUS, Theresa L. *Tempestade do deserto*: operações da Guerra do Golfo. Rio de Janeiro: Bibliex, 1998.

SCULLY, Megan. "Social Intel: New Tool for U.S. Military". *Defense News*, abril de 2004.

SERRANO, Marcelo Oliveira Lopes. "Guerra: no meio do povo ou simplesmente irregular". *Coleção Meira Mattos*. Rio de Janeiro, v. 8, n. 31, jan.-abr. 2014.

SILVA, Mariana Moreira e. *O papel da AGU na defesa das forças armadas em sua atuação na garantia da lei e da ordem*. Rio de Janeiro, 2016. Trabalho de Conclusão de Curso (Graduação) – Escola Superior de Guerra.

SMITH, Rupert. *A utilidade da força*: a arte da guerra no mundo moderno. Lisboa: Edições 70, 2008.

SORJ, Bernardo. *Segurança, Segurança Humana e América Latina*. Disponível em: <www. egov.ufsc.br/portal/conteudo>. Acesso em: 28 nov. 2015.

SOUZA, Graziene Carneiro. *Responsabilidade de proteger*: regulamentação da intervenção militar no direito internacional. Saarbrücken: Novas Edições Acadêmicas, 2015.

STAVRIDIS, James. *Fontes abertas de segurança*. Disponível em: <www.ted.com/talks/james_stavridis>. Acesso em: 23 fev. 2017.

STEPHENSON, Scott. "A revolução em assuntos militares: 12 observações sobre uma ideia fora de moda". *Military Review*. Fort Leavenworth, edição brasileira, jul.-ago. 2010.

SULLIVAN, Gordon R. "Aperfeiçoando a sincronização para alcançar a vitória decisiva". *Military Review*. Fort Leavenworth, edição brasileira, 2nd Quarter 1993.

TANNO, Grace. "A contribuição da Escola de Copenhagen aos estudos de segurança internacional". *Contexto Internacional*. Rio de Janeiro, v. 25, n. 1, jan.-jun. 2003.

UPPSALA Conflict Data Program. Uppsala University. Department of Peace and Conflict Research. Disponível em: <http://www.pcr.uu.se/research/ucdp/charts_and_graphs>. Acesso em: 13 set. 2016.

US DEPARTMENT OF DEFENSE. "Irregular Warfare". Directive number 3000.07. Washington: December 1, 2008.

VISACRO, Alessandro. *Guerra irregular*: terrorismo, guerrilha e movimentos de resistência ao longo da história. São Paulo: Contexto, 2009.

_____. "Inteligência cultural: assunto impositivo na formação do militar moderno e fundamental no estudo de situação: uma abordagem da temática indígena na Amazônia". *Coleção Meira Mattos*. Rio de Janeiro, nº 25, 1º quadrimestre 2012.

_____. "Jihad e contrainsurgência: concepções distintas da guerra psicológica". *Military Review*. Fort Leavenworth, edição brasileira, jan.-fev. 2010.

_____. *Lawrence da Arábia*. São Paulo: Contexto 2010.

_____. "O desafio da transformação". *Military Review*. Forte Leavenworth, edição brasileira, mar.-abr. 2011.

BIBLIOGRAFIA **215**

_____. "Superando o caos: a função de combate comando e controle além da tecnologia da informação". *Military Review*. Fort Leavenworth, edição brasileira, jul.-ago. 2015.

_____. "T. E. Lawrence: ações indiretas e o emprego de forças especiais". *Military Review*. Fort Leavenworth, edição brasileira, nov.-dez. 2012.

WEISS, Michael; HASSAN, Hassan. *Estado Islâmico*: desvendando o exército do terror. São Paulo: Seoman, 2015.

WILCOX, Greg; WILSON, G. I. "Resposta militar à guerra de quarta geração no Afeganistão". *Military Review*. Fort Leavenworth, edição brasileira, 1st Quarter 2004.

WILLIANS, Blair S. "Heurística e vieses no processo decisório militar". *Military Review*. Fort Leavenworth, edição em língua inglesa, set.-out. 2010.

WILLIANS, John. *França* – 1940: a catástrofe. Rio de Janeiro: Renes, 1974.

WOLOSZYN, André Luís. *Ameaças e desafios à segurança humana no século XXI*: de gangues, narcotráfico, bioterrorismo e ataques cibernéticos às armas de destruição em massa. Rio de Janeiro: Bibliex, 2013.

YOUNG, Peter. *Dia D*. Rio de Janeiro: Ao Livro Técnico SA, 1982.

YOUSSEF, Mosab Hassan. *Filho do Hamas*. Rio de Janeiro: Sextante, 2010.

ZAVERUCHA, Jorge. *Armadilha em Gaza*: fundamentalismo islâmico e guerra de propaganda contra Israel. São Paulo: Geração Editorial, 2010.

O autor

Alessandro Visacro é coronel do Exército Brasileiro. Foi declarado aspirante a oficial da arma de infantaria pela Academia Militar das Agulhas Negras no ano de 1991. Possui o curso de Altos Estudos Militares da Escola de Comando e Estado-Maior do Exército. Dentre suas principais comissões, destacam-se: comandante da 3ª Companhia de Forças Especiais, comandante do 1º Batalhão de Forças Especiais, oficial de operações do 2º Batalhão de Força de Paz no Haiti e chefe do Estado-Maior do Comando de Operações Especiais. É autor de *Guerra irregular: terrorismo, guerrilha e movimentos de resistência ao longo da história* e *Lawrence da Arábia*, ambos publicados pela Contexto.

Agradecimentos

Apresentaram importantes contribuições para este trabalho: Victor Hugo Vieira Moura e Laurence Alexandre Xavier Moreira. Também sou grato a Fausto Calado de Carvalho, Filipo Linhares Martins, Juliano Trindade Martins de Campos e Albemar Rodrigues de Lima, por ajudarem a construir as ideias aqui expressas. Devo destacar, sobretudo, que a conclusão desta obra jamais teria sido possível sem o incondicional apoio da minha esposa, Patricia, e de nossos filhos, Pedro Ricardo e Davi, pois todo o tempo dedicado a este livro foi subtraído exclusivamente do nosso convívio familiar.

Leia também

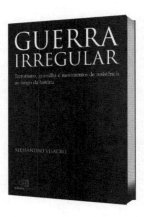

GUERRA IRREGULAR
Terrorismo, guerrilha e movimentos
de resistência ao longo da história

Alessandro Visacro

As guerras já não são mais as mesmas. Em vez da confrontação militar formal, o mundo vem assistindo a uma série de guerras "irregulares", como terrorismo, guerrilha, insurreição, movimentos de resistência e conflitos assimétricos em geral. Alessandro Visacro, profundo estudioso do assunto, nos oferece um amplo panorama dos movimentos que alimentam essas guerras: embasamento político, estratégia, táticas e resultados obtidos. O livro mostra ainda quais os grupos que obtiveram sucesso e por quê, assim como os métodos utilizados pelos Estados que derrotaram ou estão obtendo sucesso contra esses movimentos. O livro trata da Irlanda (IRA) e da Espanha (ETA), de Cuba e da China, da Argélia e do Afeganistão, de israelenses e palestinos, da Colômbia e do Brasil, onde, segundo o autor, já se trava uma verdadeira guerra irregular, em que o Estado está ameaçado. Obra imperdível para quem quer entender o modo como a guerra é feita atualmente. De resto, compreender melhor o combate irregular é um pré-requisito para que a sociedade se torne menos vulnerável a ele.

Cadastre-se no site da Contexto
e fique por dentro dos nossos lançamentos e eventos.
www.editoracontexto.com.br

Formação de Professores | Educação
História | Ciências Humanas
Língua Portuguesa | Linguística
Geografia
Comunicação
Turismo
Economia
Geral

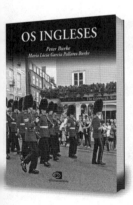
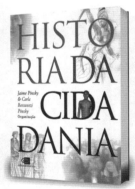

Faça parte de nossa rede.
www.editoracontexto.com.br/redes

GRÁFICA PAYM
Tel. [11] 4392-3344
paym@graficapaym.com.br